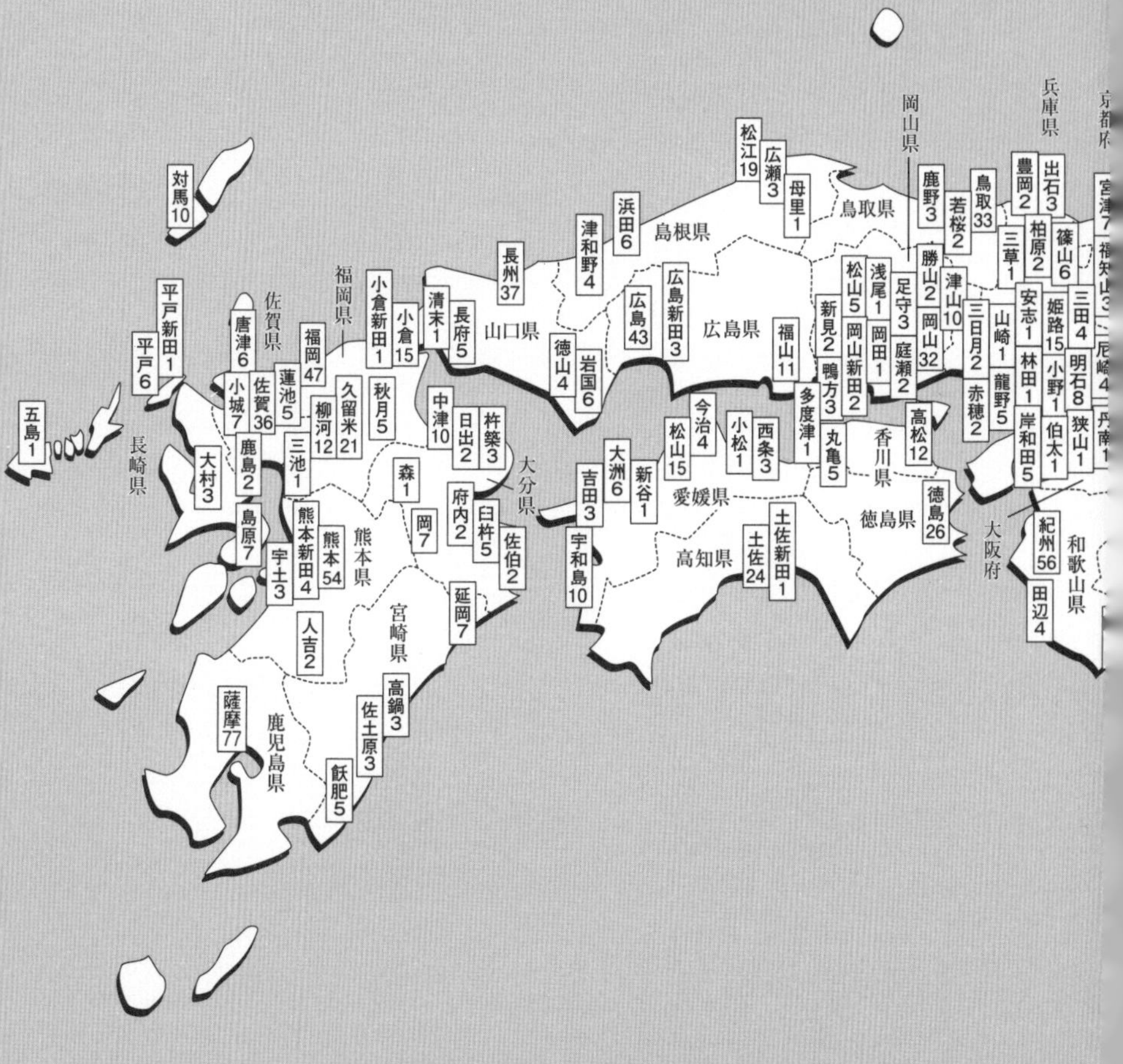

対馬10
平戸新田1
平戸6
五島1
長崎県
佐賀県
唐津6
小城7
佐賀36
蓮池5
鹿島2
大村3
島原7
福岡県
福岡47
柳河12
久留米21
三池1
小倉新田1
小倉15
秋月5
熊本新田4
熊本54
宇土3
熊本県
人吉2
清末1
長府5
長州37
山口県
中津10
日出2
杵築3
大分県
森1
府内2
臼杵5
佐伯2
岡7
延岡7
宮崎県
高鍋3
佐土原3
飫肥5
薩摩77
鹿児島県
津和野4
浜田6
島根県
松江19
広瀬3
母里1
徳山4
岩国6
広島43
広島新田3
広島県
福山11
鳥取県
岡山県
鹿野3
若桜2
鳥取33
松山5
浅尾1
足守3
勝山2
津山10
新見2
岡山新田2
岡田1
庭瀬2
岡山32
鴨方3
多度津1
丸亀5
香川県
高松12
今治4
小松1
西条3
松山15
大洲6
新谷1
吉田3
宇和島10
愛媛県
土佐新田1
土佐24
高知県
徳島県
徳島26
兵庫県
豊岡2
出石3
三草1
柏原2
篠山6
三日月2
山崎1
安志1
姫路15
三田4
赤穂2
龍野5
林田1
小野1
明石8
岸和田5
伯太1
狭山1
大阪府
紀州56
田辺4
和歌山県

シリーズ藩物語

二本松藩

糠澤章雄……著

現代書館

プロローグ

二本松藩の特徴

二本松藩とは一般に、寛永二十年（一六四三）丹羽光重の二本松入部によって成立し、以後二百二十五年間安達《あだち》・安積《あさか》両郡を支配した丹羽二本松藩のことを指す。丹羽氏は、関ヶ原合戦の折、徳川方に参戦できなかったことから所領を没収されたが、のち大名として再び取り立てられ、寛永四年からは白河で十万石、同二十年から二本松で十万石を領有しえた。このことから、徳川将軍家に対する恩義を最大至上のものとする藩風が定着した。

歴代藩主は、幕府から命じられるさまざまの御手伝普請（公役）に誠実に対応し、幕末には、富津砲台警備や京都警衛・水戸天狗党討伐など多数の藩兵を派遣する軍役も、藩の名誉として務めあげた。しかし、その莫大な費用調達のため、領民に多大の負担をもとめた。

領民の過大な負担を考えると、百姓一揆が続発してもおかしくないのであるが、二本松藩の場合、他藩に比べて発生件数は少ない。寛延二年（一七四九）の一揆が唯一のものであるが、それはなぜなのか。

藩という公国

江戸時代、日本には千に近い独立公国があった

江戸時代。徳川将軍家の下に、全国に三百諸侯《しょこう》★の大名家があった。ほかに寺領や社領、知行所《ちぎょうしょ》★をもつ旗本領《はたもとりょう》などを加えると数え切れないほどの独立公国があった。そのうち諸侯を何々家《け》家中《かちゅう》と称していた。家中は主君を中心に家臣が忠誠を誓い、強い連帯感で結びついていた。家臣の下には足軽《あしがる》層《そう》★がおり、全体の軍事力の維持と領民の統制をしていたのである。その家中を藩と後世の史家は呼んだ。

江戸時代に何々藩と公称することはまれで、明治以降の使用が多い。それは近代からみた江戸時代の大名の領域や支配機構を総称する歴史用語として使われた。その独立公国たる藩にはそれぞれ個性的な藩風《はんぷう》と自立した政治・経済・文化があった。幕藩体制とは歴史学者伊東多三郎《いとうたさぶろう》氏★の視点だが、まさに将軍家の諸侯の統制と各藩の地方分権が巧く組み合わされていた、連邦でもない奇妙な封建的国家体制であった。

今日に生き続ける藩意識

明治維新から百四十年以上経っているのに、今第一に考えられることは、検地のやり方のルーズさである。丹羽二本松藩は領内一斉の検地は実施しておらず、支配村々のうち六〇パーセントの村では、文禄三年（一五九四）の太閤検地による村高（本田高）がそのまま続き、新開発田畑に対する補充検地も太閤検地時のゆるやかな規準で行われた。これらの村には隠し田畑がかなりあり、領民は法外な年貢も、了承できるだけの余裕があったのではなかろうか。

第二に、藩の執政たちが、困窮する領民の救済策を、誠実に実行しようとしていたことである。不作・凶作・災害に対しては、享保十七年（一七三二）の「不作改条目」をはじめ、年貢減免措置について細かに定め対応した。また、人口減少を食い止めるため、他藩に先がけて延享二年（一七四五）に赤子生育制度を設けている。貧困家庭だけでなく一般領民にも、乳幼児の数に応じて米・金を給与して人口増殖を図っている。寛政二年（一七九〇）から試みられた医療救助令は、無医村に医師を派遣し常駐させようとしたもので、具体的なことは不詳であるが画期的な政策といえよう。元禄十年（一六九七）に一度つくられ、寛政四年に復活した養老所の設置も、注目すべき福祉政策といえよう。

でも日本人に藩意識があるのはなぜだろうか。明治四年（一八七一）七月、明治新政府は廃藩《はいはん》置県《ちけん》★を断行した。県を置いて、支配機構を変革し、今までの藩意識を改めようとしたのである。ところが、今でも、「あの人は薩摩藩の出身だ」とか、「我らは会津藩の出身だ」と言う。それは侍出身だけでなく、藩領出身も指しており、藩意識が県民意識をうわまわっているところさえある。むしろ、今でも藩対抗の意識が地方の歴史文化を動かしている。そう考えると、江戸時代に育まれた藩民意識が現代人にどのような影響を与え続けているのかを考える必要があるだろう。それは地方に住む人々の運命共同体としての藩の理性が今でも生きている証拠ではないかと思う。

藩の理性は、藩風とか、藩是《はんぜ》とか、ひいては藩主の家風ともいうべき家訓などで表されていた。

〔稲川明雄（本シリーズ『長岡藩』筆者）〕

諸侯▼江戸時代の大名。
知行所▼江戸時代の旗本が知行として与えられた土地。
足軽層▼足軽・中間・小者など。
伊東多三郎▼近世藩政史研究家。東京大学史料編纂所所長を務めた。
廃藩置県▼藩体制を解体する明治政府の政治改革。廃藩により全国は三府三〇二県となった。同年末には統廃合により三府七二県となった。

シリーズ藩物語 二本松藩

目次

これも二本松

二本松少年隊の像

第一章　二本松藩の成立

秀吉の奥羽仕置から何度か領主が替わったが、丹羽氏入部で安定。

① 会津領時代の積達地方

豊臣秀吉の奥羽仕置後、当地方は蒲生上杉加藤など会津に配置された大大名（もしくはその一族）に支配された。

上杉時代に関ヶ原合戦があり、徳川政権が成立し、幕藩体制が発足した。

積達地方は、会津加藤領・二本松加藤領（三万石）に分かれたが、そのもとで年貢諸税増徴策が推進された。

蒲生氏郷の支配と太閤検地

天正十八年（一五九〇）七月、小田原の北条氏を滅ぼした豊臣秀吉は直ちに会津に向かい、八月九日会津黒川城に到着し数日間滞在した。その間秀吉は奥羽諸大名の領土処分と城の破却および検地・刀狩など、いわゆる奥羽仕置《しおき》の指令を次々と発して帰京した。伊達政宗が征服した会津四郡（会津・耶麻・大沼・河沼の四郡）・岩瀬・安積《あさか》・二本松（西安達）などの諸郡の没収、白川氏・石川氏、田村氏の本領召上げによる取り潰しが確定し、それらの諸郡は蒲生氏郷《がもううじさと》に与えられた。田村郡ははじめ伊達政宗の家臣、片倉景綱《かたくらかげつな》に与えられたが、結局伊達政宗領として残された。

のちに二本松藩領となる積達《せきたつ》地方★のうち、安積郡と西安達（二本松）は蒲生領、

勢至堂峠道。豊臣秀吉がこの峠を越えて会津入りした

▼積達地方
安積郡と安達郡を総称した言い方。のちの丹羽二本松藩十万七百石の領域とほぼ一致する。

東安達（塩松）は伊達領であったが、奥羽仕置に反対する葛西《かさい》・大崎《おおさき》の一揆や九戸政実《くのへまさざね》の蜂起の鎮圧後、天正十九年に実施された奥羽再仕置により、東安達も蒲生領となった。かくして蒲生氏郷の所領は福島県の会津・中通り★地方の全域と、宮城県・山形県・新潟県の一部に及び、その全領域でいわゆる太閤検地が実施された（天正検地）。この検地は永楽銭による斗代《とだい》★を適用して行われた（下表）。これを石高に換算すると全領域で七十三万四千二百七十石となった。

文禄三年（一五九四）四月、秀吉は蒲生領に再度の総検地を命じ、積達地方を含む中通り地方の村々では七月までに実施され「蒲生領高目録帳」が作成された。文禄検地による蒲生領の総石高は九十一万九千三百二十石となった。天正検地に比して二五・三％の増加であったが、秀吉は、これだけの増加でも足りないと、蒲生家仕置奉行らを叱責している。

この検地により、東安達二八カ村、西安達三〇カ村、安積郡四四カ村、計一〇二カ村の石高は十万五千百七石余であった。このうち一万二千六十七石は蔵入地（直轄地）で、残りが家臣の知行地であった。例えば東安達の大平村（現二本松市）の村高二千五百五十五石余は八人の家臣の知行地であり、本宮村の村高三千一石

福島県内の太閤検地の斗代（1反あたり）

田畑位付	①天正18年8月「会津御検地条々」	②天正19年9月「豊臣秀次検地置目」	③「会津古代草高発貢納之式」
	文	石 斗 升	石 斗 升
上田	永 200	1 5 0	1 4 0
中田	〃 180	1 3 0	1 2 6
下田	〃 150	1 1 0	1 0 5
上畑	〃 100	1 0 0	0 7 0
中畑	〃 80	0 7 5	0 5 6
下畑	〃 50	0 5 0	0 3 5
屋敷	〃 100	1 0 0	0 7 0
備考	同年「田嶋郷御検地帳」に同じ	田村郡平沢村の天正19年、文禄3年検地帳	①の永100文＝米7斗がえ 二本松藩の奥州代石盛に同じ

▼中通り
福島県中央部、奥羽山脈と阿武隈高地に挟まれた地域。

▼永楽銭による斗代
永楽銭で換算した、一反歩当たりの生産高。

余のうち、二千石余は「友閑★」の知行地、残り一千一石は蔵入地となっている。
積達地方の文禄検地の土地丈量は、一間＝六尺五寸四方を一歩として行われ、石盛は奥州代石盛（前ページ下表の③）を適用して行われたと思われる。この検地で定められた村高は、多くの村で「本田高」として後代まで受け継がれた。

豊臣政権から徳川政権へ——上杉、再蒲生時代

蒲生氏郷は文禄四年（一五九五）二月急死し、豊臣秀吉はその遺領九十二万石を十三歳の嫡子鶴千代（のち秀行《ひでゆき》）に継がせた。秀吉は浅野《あさの》長政《ながまさ》・幸長《よしなが》父子に命じて領内一七の支城の半分以上を破却させた。残されたのは会津若松、白河、二本松など七城であった。

九十二万石のうち蔵入地は二十万石余で、慶長二年（一五九七）の「藤三郎倉入在々物成帳」によれば、蔵入地全体の年貢賦課率（免）平均は三ツ六分半成（三六・五％）、最高は長屋村（現本宮市）の四ツ六分、最低は安積郡片平村の一部（現郡山市）の六分であった。領地の七割以上を占める家臣の知行地の年貢率も、右に準じていたと考えてよかろう。

蒲生秀行は、徳川家康の息女振子《ふりこ》と婚儀をあげ、従四位下・侍従に叙任されていたが、慶長三年一月、秀吉は突然秀行の所領九十二万石を没収し、下野国宇都

▼友閑
氏郷の家臣松井友閑のことらしい。茶人として有名であった。

蒲生氏郷画像（「集古十種」より）

宮に十八万石で移した。これに代わって会津に移されたのは、越後国春日山城主上杉景勝《うえすぎかげかつ》であった。景勝は蒲生旧領に出羽庄内と佐渡を加えて計百二十万石を領した。秀吉は景勝の国替えに当たって「上杉家中の侍は、中間・小者に至るまで一人も残さず召し連れよ、しかし検地帳に記載され年貢を負担する百姓は、すべて残して行け」という朱印状を発した。兵農分離政策を徹底させ、強力な上杉軍団を支えた地侍層を、検地帳記載の農民として家臣団から切り離すのが狙いであった。

会津入りした景勝は、領内二八カ所に支城を設け、主な部将を配置した。積達地方の支城は、浅香《あさか》（安積）城（城将安田能元）・二本松東城（下条忠親）・同西城（秋山定綱）・塩松東城（山浦景国）・同西城（市川房綱）の五カ所であった。

慶長三年八月豊臣秀吉が死去し、徳川家康と石田三成を中心とする反徳川勢力との対立が深まった。反徳川方の一方の雄であった上杉景勝は翌年八月会津に帰り、城郭・道路・橋梁の修築、多数の浪人の召し抱え、武器・兵糧の貯蓄などをすすめ、宰相直江兼続《なおえかねつぐ》の指揮で、会津盆地中央に新城構築（神指城《こうざしじょう》）を開始し、積達地方を含め各地から多数の人夫を動員した。こうした上杉方の動きに対し、家康は釈明のための上洛を命じたが拒否され、慶長五年六月上杉討伐軍を起こす。この討伐は周知のごとく石田三成の挙兵で中断し、九月十五日の関ヶ原の合戦となる。

南奥州での戦いは、上杉対伊達政宗、上杉（直江）対最上義光の戦いとして展開したが、関ヶ原合戦は徳川方の勝利に終わり、天下の実権は徳川家康の手に移った。上杉景勝は、慶長六年八月封九十万石を削られ、出羽国置賜《おきたま》（米沢）に移され、三十万石のみの領有を許されたのである。

代わって再び蒲生秀行が会津に移され、会津と中通り地方で六十万石を領した。秀行は領内一二カ所に支城を設け、領地の大半を家臣の知行地に配分した。

再蒲生時代も、年貢・諸役の増徴が行われ、加えてたびたびの凶作・飢饉（慶長十年、元和二年、寛永元年）、大地震（慶長十六年）、風水害（慶長十七年）にみまわれ、農民の逃散が急増した。

蒲生秀行は慶長十七年五月死去し、嫡子亀千代（十歳）が襲封して忠郷《ただざと》を名のるが、前代から続く家臣らの対立抗争がやまず、寛永四年（一六二七）一月忠郷が疱瘡を患って死去すると、幕府は蒲生領六十万石を収公してしまった。

加藤嘉明の会津入部と松下・加藤二本松藩

寛永四年（一六二七）一月に死去した蒲生忠郷《がもうただざと》には嗣子がなく、会津領六十万石が収公されたあと、同年二月加藤嘉明《よしあき》が伊予国松山（二十万石）から会津に移され、会津諸郡と岩瀬・田村・安積《あさか》・安達《あだち》各郡の内で四十万石を領有した。同時に嘉明の女婿松下重綱《しげつな》が下野国烏山（二万八千石）から二本松に移され、安達郡内で五万石を、嘉明の三男加藤明利《あきとし》が三《み》春《はる》を与えられて三万石を領有した。松下二本松藩が支配した村々は、東安達の一八カ村と西安達の二八カ村であった。

松下重綱は同年十月に病没し、嫡子長綱《ながつな》が家督を継ぐが、幕府は「長綱幼稚」を理由に翌五年一月二万石を減じ、三万石で三春に移した。代わって二本松には加藤明利が三春から移され、旧松下領のうち三万石を領有した（二万石減らされた分は、会津加藤領に組み込まれたと思われる）。これが加藤（明利）二本松藩で、その領域は下図のとおりである。安積郡（三万石）はほぼ全村会津加藤領であった。

寛永八年（一六三二）九月、会津四十二万石の太守加藤嘉明が死去し、嫡子明成《あきなり》が襲封する。この時点で安達郡七万石のうち約三万石が加藤明利領、約四万石は会津加藤明成領となった。会津加藤領四十二万石のうち蔵入地《くらいりち》（明成直轄地）は約十七万石弱（四〇・五％）で、それ以外の五九・五％は、家臣七一三人と寺社・有力百姓（肝煎《きもいり》）の知行地とされたが、安達郡内の明成蔵入地は、四万石のうち六千五百三十石余に

安達郡内の二本松加藤領と会津加藤領の領域区分図（寛永8年9月頃）

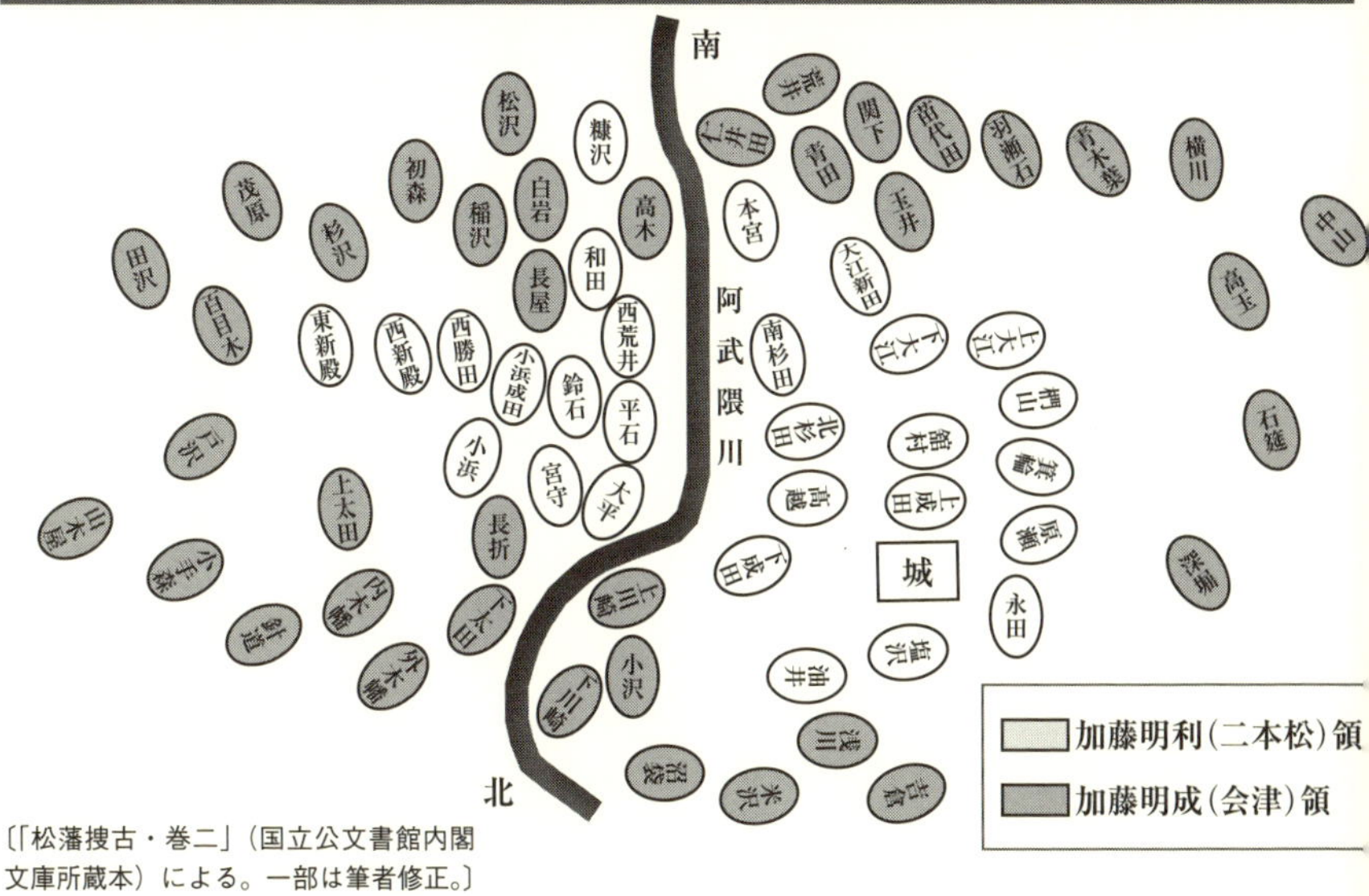

〔「松藩捜古・巻二」（国立公文書館内閣文庫所蔵本）による。一部は筆者修正。〕

すぎなかったという。

会津加藤領における民政は、四人の家老のもとに郡代《ぐんだい》―郡奉行《こおりぶぎょう》―各代官《だいかん》が任命されて分担していた。郡代は主として会津地方を管轄した守岡主馬佐《しゅめのすけ》（知行四千石）が上席で、全体を統轄し、その指揮下に仙道《せんどう》（中通り地方）郡代が置かれた。仙道郡代ははじめ青木佐左衛門（知行二千石）が任命され、寛永十四年頃から恒川《つねかわ》又右衛門に代わった。加藤明利二本松藩の組織は明確ではないが、家老にあたる複数の執事《しつじ》のもとで会津加藤領に準じた民政が行われたと思われる。安達郡和田村（現本宮市）は加藤明利領であるが、同村の寛永六年「百姓分帳」によれば、本田高二千三百五石、新田高三百九十七石で、家臣四人（足立新助・須賀太左衛門・多賀井七郎左衛門・上田賀左衛門）の知行地に分割され、それぞれに肝煎（名主）が任命されて民政の実務にあたっている。

加藤明成領でも同明利領でも、厳しい新田検地が実施され、年貢増徴策が推進され（後述）、領民にとってはかなりの苛政と受けとられていた。寛永十年一月から、三代将軍家光《いえみつ》は最初の諸国巡見使《じゅんけんし》を派遣し、東北・北海道への「奥羽松前巡見使」として、正使に分部左京亮《わけべさきょうのすけ》（大溝藩主二万石）、副使に旗本《はたもと》三人が任命された。会津領も二本松領も、すべての村が巡見されたが、安達郡稲沢村（現本宮市）の『年代記』によれば、このとき積達地方の村々で、加藤氏の苛政を訴える訴状を巡見使に提出しようという動きがあったという。これは領主側の妨害で失敗し、巡見使通過後に厳しく探索され、捕らえられた主謀者たちは、寛永十二年に安積郡大槻村（現郡山市）で処刑されたという。なお主謀者らを訴人した者へは、褒美として高六十石が与えられたとも記す。

加藤氏の新田開発と検地・縄引き

加藤氏は領知を倍増されて四国松山から移ってきたが、温暖な農業先進地から寒冷な後進地への国替えであり、しかも四十万石の格式にみあう幕府への軍役《ぐんやく》・奉公《ほうこう》を負担せねばならず、かえって財政難に苦しんだ。そのために入国早々に領内各地の再検地を実施し、新田開発を推進して、年貢・諸役の増徴を図ったのである。

会津加藤氏と二本松加藤氏が改易されたあと、寛永二十年（一六四三）八月、二本松に入部した丹羽光重《みつしげ》が、幕府の引渡し奉行から受領した「二本松領目録」をみると、安達郡が本高《もとだか》六万九千七百八十一石余、改出《あらためだ》し高一千三百五十一石余、新田高六千八百三十八石余、安積郡が本高三万一千百七十二石余、改出し高一千四百九十三石余、新田高五千九百三十一石余とある。「改出し」とは加藤時代の再検地による出高（増高《ましたか》）、「新田」とは加藤時代に開発されて新たに課税対象となった新田畑と考えてよい。この二つの計が加藤時代の増加高で、本高（文禄検地）に対して安達郡が一一・七％、安積郡が二三・八％の増加率となる。

安積郡郡山村では、寛永七年十一月に再検地が行われた。田を一〇段階、畑を四段階の等級に分けて丈量・石盛《こくもり》★した緻密な検地で、総村高は二千四百三十七石余となった。文禄三年（一五九四）の蒲生《がもう》氏による再検地のときの村高（本高）は一千九百石だったから、五百三十七石余の改出しで増加率は二八・三％に及ぶ。新田開発も積極的で、灌漑用の池・堰の工事も併せて推進された。郡山村の荒池・権太堀、小原田村の五百淵池、久保田村の善宝池、福原村の宝沢沼、大槻村の美女池（いずれも現郡山市の内）などは、すべて加藤時代に創設されたものである。

開発された新田畑は必ず検地されたが、加藤時代の新田検地は非常に恣意的で、田畑に蒔く種子の枡《ます》量だけで収穫量を推定して等級をつけたり、また耕地の存在しない場所もしくは耕作者が一人もいない土地に石高を付けたりしている。領民はこれを「迷《まよ》い高《だか》」「土無高《つちなしだか》」などと称し恨みを表した。例えば加藤明利領の安達郡和田村（現本宮市）では、元禄七年（一六九四）まで「二ツ池古新田高三百二十三石」と検地帳に記され、年貢を課されていたが、ここは「土無高」で、元禄七年の新検地でようやく削除されたのである。

検地と並んで、二本松領はじめ、白川・岩瀬・田村の各郡で広く行われていた土地の「縄《なわ》引《ひ》き制」も、加藤時代の創始といわれる。縄引きとは「内均《うちなら》し」とも

▼郡山村の石盛
二本松藩ではこれを大和斗代と称した。これは郡山村にのみ適用した規準らしい。

現郡山小原田の五百淵池

称し、持ち高の不均等から生ずる年貢負担農民の転落や欠落を防止し、災害などの危険を分散するために考えられた土地の割り替え制のことである。三年ごととか五年ごと、あるいは十年ごとに切り替えられ、上・中・下田畑の平等な分割耕作を行い、その際公平を期するため「くじびき」で割り替えた。いうまでもなく領主側の安定した年貢の確保が狙いであった。加藤明利領となった安達郡本宮村では、寛永六年三月に北町・南町・在郷ともに縄引きを実施し、詳細な「本宮村縄引割帳」を残している。領民にとってどれだけプラスになったかは不明だが、本宮地方ではこれが最初の縄引きで、その後も何度か村民の要求で実施されているのをみると、少しでも不公平をなくすために、村民の創意・工夫が重ねられたように思われる。

二本松領におけるキリシタン弾圧

蒲生氏郷が「レオ」の霊名をもつキリシタン大名であったことは、よく知られている。そのこともあって、会津若松・白河・二本松周辺など県内各地にはキリスト教がかなり広まっていたらしい。一方、豊臣秀吉の禁教令《きんきょうれい》に始まり、江戸幕府も慶長十七年（一六一二）に幕府直轄領で、翌年には全国で禁教を布告し、元和～寛永期（十七世紀前期）を通して激しいキリシタン迫害が展開された。福島県内で最も大きな殉教事件は、寛永九年（一六三二）の弾圧である。

寛永九年一月三十一日、白河藩（藩主は丹羽長重《ながしげ》）は、幕府の命を受けて一三人の信徒を打首《うちくび》・火炙《ひあぶり》の刑に処した。

同年二月八日には、加藤明成《あきなり》の会津若松城で四二人の信徒が処刑された。このうち七人は火炙、一五人が斬首の刑であった。同じ日、加藤明利（明成の弟）の二本松城下でも一四人が処刑された。五人は火炙、九人が斬首の刑だったという。

二本松における殉教者のうち★、中牧主水《もんど》は蒲生忠郷の元家臣で、元和七年（一六二一）のローマ法王に対する奉答文署名者の一人であり、イエズス（耶蘇《やそ》）会の神父に宿を貸したかどで妻子とともに殉教した。ジュアン町田は、長崎の町衆《まちしゅう》として政治・経済界の最高指導者の一人であった町田宗賀のことで、元和六年の弾圧で長崎を追われ、約十年間の流浪の末当地方に移住したという。『イエズス会年報』には、ジュアン町田宗賀が一六三二年（寛永九）二月八日、奥州二本木（松）で殉教と記されている。ワレンチノ中牧主水とジュアン町田はともに安達郡白岩村（現本宮市）に隠れ住み、布教活動を行っていた可能性が強いと考えられる★。

のち寛政元年（一七八九）に、二本松六代藩主丹羽高庸《たかつね》

▼アンデレア津田紀伊（十八歳）、ワレンチノ中牧主水、その妻アンナ—火刑。主水の子シメオン才兵衛、アレキショ権四郎—斬首。エロニモ仙之丞、主水の寄食者仙助・喜作—斬首。マテオ六兵衛、その妻アグネス、その子ルクス（ルイス）喜太郎、ロマヌス参十郎—斬首。道川嘉右衛門（十九歳）、ジュアン町田（寿庵とも）—火刑

▼二本松の殉教については『二本松市史第9巻』所収の梅宮茂氏稿が詳しい。

二本松藩領内の古・転びキリシタンおよび本人同前の居村別人数

郡	村名	古・転びキリシタン（本人）	本人同前（子供）	合計
安達	白岩	10	12	22
	稲沢	−	3	3
	長屋	−	1	1
	平石	−	1	1
	高越	−	1	1
安積	大槻	6	4	10
	片平	1	−	1
	上伊豆島	−	1	1
	梅沢	1	−	1
	郡山	−	1	1
	舘	−	1	1
田村	笹山	−	1	1
	板橋	−	1	1
合計		18	27	45

〔『福島史学研究』54号所収、柳田和久論文（第１表）〔第２表〕により作成〕

が幕府の宗門奉行に提出した「陸奥国二本松領古《こ》切支丹《キリシタン》類族存命帳」という記録がある。寛永期（十七世紀前期）から正保四年（一六四七）までの間に捕縛された古《こ》キリシタンおよび転《ころ》びキリシタン一八名、それらの「本人同前」の子女二七名、その末裔の者（類族）の系譜を、追跡調査して詳細に書き上げたものである（前頁下表参照）。「本人同前」とは、キリシタン本人が転宗する以前に出生した子供のことで、転宗以後に出生した子供は類族とされた。類族も男女さまざまなケースにより、耳孫《じそん》（曾孫の孫）まで、玄孫《げんそん》（曾孫の子）まで、曾孫まで、孫までと類別され、厳しく監視されたのである。

年貢諸役の増徴と加藤領（会津・二本松）の改易

年貢の賦課率（免《めん》）は、上杉・再蒲生時代からかなり上げられたが、加藤時代にはますます増加され、さらに本年貢の付加税である口米《くちまい》・口銭《くちせん》も、前代（再蒲生）までの三％から六％に倍増された。年貢増徴の二、三の例をあげよう。安積郡河内村（現郡山市逢瀬町）は村高（本田のみ）一千八十石であったが、寛永四年（一六二七）には免三ツ五分（三五％）の年貢が掛けられ、本年貢（物成《ものなり》）三百七十八石に六％の口米二十二石六斗八升が加算されて計四百石六斗八升を徴収された。三年後の寛永七年は免四ツ一分（四一％）となり、物成米四百四十二石八斗と口米二十六石五斗七升で、年貢総量は四百六十九石三斗七升であった。三年間で一七・一％の増加であった。安積郡小原田村（現郡山市）は本田高一千五百七十三石三斗九升、新田に対する課税は寛永七年から始まる。同村の年貢賦課率は下表のように、寛永六年から同十五年の間で、本田・新田ともに大幅に増加した。口米を計算しない物成米だけでみると、寛永六年の本田物成高五百六十石一斗三升が、同十五年には八百六十五石三斗六升（一・五四倍）に増え、新田物成高は、寛永七年の二十石九斗九升から、寛永十五年には七十六石八斗五升（三・七倍）に急増した。年貢総量でみると、寛永六年には五百九十三石七斗四升の徴収であったのが、同十五年には九百九十八石七斗四升（一・六倍）の徴収となったのである。

本年貢（本途物成《ほんとものなり》）以外の小物成《こものなり》（雑税）も種類が増え、定期的に徴収される糠藁銭《ぬかわらせん》（高百石に金一分）・綿役（高百石に綿百匁・代銀十三匁）・山年貢《やまねんぐ》・川役・納薪《おさめまき》代・入草《いりくさ》代・炭役などのほか、不定期に徴収される浮役《うきやく》も多種多様となる。蠟《ろう》・漆《うるし》は上杉時代から年貢作物として統制されたが、加藤時代にも受け継がれ、きびしく監視された。寛永四年九月、郡代守岡主馬佐《しゅめのすけ》が安達郡苗代田村（現本宮市岩根）に出した蠟・ろうそく・漆・鉛の通行禁止令は、その典型であった。このほか若松城修築、江戸城普請などの国役《くにやく》に動員される労役負担も加わり、困窮に耐えかねて身売り・逃散《ちょうさん》する領民が増えていった。

寛永6～15年安積郡小原田村の本田・新田物成率の推移

発給年月	本田 1573石3斗9升	新田A 209石9斗3升	新田B 96石6斗8升
寛永6年3月	3ツ5分6厘	－	－
〃7年	4　2　0	1ツ0分0厘	－
〃11年	3　9　0	1　7　0	－
〃12年	4　4　0	2　2　0	－
〃15年9月	5　5　0	3　2　0	1ツ0分0厘

（糠沢章雄『南奥州の幕藩支配と領民』87ページより）

寛永十九年には会津領全域で大規模な逃散が起こった。累年の年貢収奪に加えて、この年の大凶作が引き金となった。こうして民政に行き詰まり、加えて深刻な家中《かちゅう》騒動（重臣堀主水《もんど》の脱藩事件）もあり、加藤明成は領地返上を申し出るに至り、寛永二十年五月、幕府は会津加藤領四十二万石を収公した。これより先二本松領主加藤明利が死去し（寛永十八年三月）、その子明勝が家督を継いだが、幕府は生前の明利の「状よろしからず」として、会津加藤領と同時に二本松領三万石も没収されたのである。

加藤明利の墓（二本松市顕法寺）

②丹羽氏系譜および二本松入部

関ヶ原後改易された丹羽氏は、徳川将軍家によって大名として復活することを許された。その恩義を、丹羽氏は幕末まで持ち続ける。丹羽光重が白河から二本松に移封されてから、丹羽二本松藩は二百二十五年間続く。

織田・豊臣政権下の丹羽氏

大名としての丹羽《にわ》氏は織田信長の重臣丹羽長秀《ながひで》を始祖とする。長秀は天文十九年（一五五〇）より織田信長に近侍し、佐々成政《さっさなりまさ》攻め、浅井・朝倉との合戦、尾張長島の一揆平定などに功あり、天正四年（一五七六）信長より惟住《これずみ》（鎮西★の名家の氏）の称号を与えられた。天正十年の本能寺の変後は、羽柴《はしば》（のち豊臣《とよとみ》）秀吉《ひでよし》とともに明智光秀《みつひで》を倒し、賤ヶ岳《しずがたけ》の戦いでも秀吉に属して戦った。柴田氏滅亡後、越前北ノ庄城主となり、越前・若狭両国および加賀半国で百二十三万石を領した。天正十三年四月十六日五十一歳で卒し、遺領は嫡子長重《ながしげ》が継いだ。

長重は元亀二年（一五七一）岐阜に生まれ、天正十一年羽柴秀吉が柴田勝家《かついえ》と合戦の際、父とともに参陣して戦功をあげた。父の遺領を継ぎ、天正十四年には

▼鎮西
九州の異称。

従四位下・侍従《じじゅう》に叙任されたが、その後秀吉にうとまれ、佐々成政討伐の際の軍令違反を理由に領地を削られ、十二万三千石で若狭国小浜《おばま》城に移された。さらに天正十五年の九州討伐の際、またも従士の軍法違反を責められ、四万石で加賀国松任《まっとう》に移された。その後文禄四年（一五九五）十二月、肥前国名護屋《なごや》城築城の功により八万五千石余を加増され、合わせて十二万五千四百石となり、加賀国小松城に移る。この年従三位・参議に叙任された。丹羽長重に対するこのような処遇は、太閤《たいこう》秀吉の天下人《てんかびと》としての威厳誇示のための道具とされた感がなくもない。

秀吉の死去後、慶長五年（一六〇〇）の関ケ原《せきがはら》合戦の折には、長重は前田利家との不和・対立から、心ならずも徳川方に参陣することができず、戦後は領知没収となり、翌六年、徳川家康《いえやす》の内命により江戸に赴き、品川に幽居した。こうして名門大名丹羽氏はいったん消滅したのである。

徳川家と丹羽氏の関係

関ケ原合戦後、丹羽長重は領知を没収され江戸品川に幽居していたが、徳川家康は織田・豊臣大名を懐柔する意図もあり、長重に対し芝高縄《たかなわ》に大名並みの屋敷を与えた。慶長八年（一六〇三）十一月には、徳川秀忠のとりなしもあって常陸

丹羽長重画像
（大隣寺蔵『白河市史 六』より転載）

国古渡《ふっと》に一万石を家康直轄領の中から割って与え、大名として復活せしめた。これには長重夫人が織田信長の娘で、秀忠夫人とは従姉妹にあたっていたことも陰の力になったという。

徳川家康による丹羽家再興は、多分に政略的なものであったが、丹羽家一門と家臣らは大きな恩義を感じ、慶長十九～二十年（一六一四～一五）の大坂の役では、軍役《ぐんやく》★の規定人数をはるかに超える軍兵を率いて奮戦する。大坂冬の陣では丹羽秀重《ひでしげ》（長秀の弟）・大谷元和・丹羽忠政らと鉄砲六〇挺、槍五〇本、騎士二八人、歩行四〇人を従えて参戦し、大坂夏の陣では平野口に陣し、大谷元和・成田正忠・高根久次・長屋元吉・大谷元茂・大谷勝左衛門・長谷川瀬兵衛・駒塚義左衛門らが戦功をあげ、秀重（七十余歳）は奮戦し平野口で戦死した。

この戦功により長重は、元和五年（一六一九）常陸国江戸崎で一万石加増、さらに元和八年一月奥州棚倉《たなくら》五万石、寛永四年（一六二七）二月白河藩十万七百石の大名となるのである。長重は寛永十四年閏三月江戸藩邸で没するが、跡を嫡子光重《みつしげ》が継ぎ、寛永二十年七月、同じ十万七百石で二本松に移封される。

十万石の大名として復活しえた丹羽家では、徳川将軍家に対する忠誠を最大至上のものとする藩風が定着する。丹羽光重が二本松城下の台運寺に二代将軍秀忠の廟所《びょうしょ》を、同じく鏡石寺に三代将軍家光《いえみつ》の廟所を造営したのをはじめ、その後も歴代藩主は、窮迫する藩財政にもかかわらず、幕命による日光廟・増上寺《ぞうじょうじ》な

▼軍役
石高に応じた軍事上の負担。

丹羽家の墓所。中央が初代光重、左が五代高寛、右が四代秀延の墓（二本松市大隣寺）

どの修築、東海道・美濃・伊勢の川筋《かわすじ》普請《ふしん》などの御手伝普請役、幕末の富津《ふっつ》砲台警備・京都警衛などを藩の名誉として務め、その費用調達のために領民を困窮させることにもなった。こうした政治姿勢は幕末の動乱期にも貫かれ、下級藩士らの改革の意向は、お家と公儀第一とする門閥・重臣らに受け入れられることもなく、戊辰《ぼしん》戦争では佐幕派の雄藩として新政府軍と激戦し、城下をはじめ領内の町や村の多くを戦火で焼かれる結果となったのである。

丹羽光重の二本松入部

父長重の死去後、白河藩十万七百石を継いだ丹羽光重は、寛永二十年（一六四三）七月二本松移封を命じられ、安達・安積《あさか》二郡（積達地方）において十万七百石を領有することになった。同時に田村郡内の幕領一万五千石余の地を預けられた。丹羽二本松藩の成立である。以後当地方は幕末まで二百二十五年間、丹羽氏の支配を受けることになる。

丹羽光重は元和七年（一六二一）生まれ、幼名を宮松丸といった。寛永十一年十二月、三代将軍家光《いえみつ》の御前で元服、諱《いみな》★字および大一文字の刀を賜り、従五位下・左京亮に叙任、光重と名乗る。同十九年十二月従四位下・左京太夫に昇る。同二十年五月会津領主加藤明成《あきなり》の領知四十二万石が収公★されるにあたり、会津若

丹羽光重画像（狩野常信筆、大隣寺蔵）

▼諱
貴人の実名。
▼収公
領地を取り上げる。

松城守衛を命じられ、諸士二三〇騎・総勢三八〇〇名を従えて会津へ赴いた。同時に猪苗代《いなわしろ》城の請け取りも命じられ、江口正信・丹羽長勝を遣わしてその守衛にあたった。若松城守衛中の六月江戸参府を命じられ、同年七月一日二本松移封を告げられたのである。白河城引渡しは八月二日、諸士・小役人・足軽《あしがる》まで二本松移住を完了したのは八月二十一日であった。

この移封にあたり、『光重年譜 三』は「二本松ニ移封以後モ長重治ノ旧例家格ノ通、伊達・上杉・佐竹ノ三家始奥筋ノ面々二本松城下通行ヲ見届、居城ヲ発、参勤ノ公務都《すべ》テ白川ノ如シ」と記している。丹羽家の幕府に対する責務感・忠誠心の表れといえようか。寛永四年父長重が白河の地を与えられたとき、奥羽の外《と》様《ざま》大名の監視をせよとの上意があったともいう。

丹羽光重が支配することになった二本松藩の領域は、安達郡全域の六九カ村（本高六万九千七百八十一石余）、安積郡の大部分の四一カ村（本高三万一千百七十二石余）である。本高のほかに、加藤時代の「改出し」高と、「新田」高もあり、支配総高は十一万六千六百石余であった。

この本領のほか、二本松藩に預けられた田村郡の幕府領がある。田村郡守山とその周辺二六カ村一万五千三百六十石余で、のちに守山藩領となる地域である。藩は守山に陣屋《じんや》をおき、代官を派遣して統治した。この預り領は、延宝六年（一六七八）再び幕府領に召し上げられるまで三十六年間続いた。また享保十年（一七二五）六月からは信夫郡・伊達郡のうちの幕領五万石を預り、大森に陣屋をおいて寛保二年（一七四二）まで統治した。

丹羽二本松藩の家臣団

丹羽長重は関ヶ原合戦後、加賀国小松十二万石を没収され、家臣団の多くは長重のもとを去った。しかし慶長八年（一六〇三）常陸国古渡で一万石の大名として復活し、やがて二万石となり、さらに陸奥国棚倉五万石、白河十万七百石と加増されていった。その間急ぎ家臣団を再編成する必要に迫られ、一門《いちもん》・譜代《ふだい》★の重臣はもちろん、有能な旧家臣が次々に帰参を許された。長重の蟄居《ちっきょ》中にも側に従っていた家臣には、大谷元秀・秀成父子、浅見忠政、丹羽長正・重次父子、成田重忠、関重英、長屋政時・元吉父子らがいた。また常陸古渡拝領および江戸崎加増のときに長重のもとに戻った家臣には、中川本真、関八右衛門、岩本正明、上田重道、山田正次、中井重次、土屋有清、奥田半兵衛、丹羽正次らがいる。

しかし丹羽家家臣団の多くは新規召し抱えの者たちで、古渡拝領の慶長八年から元禄十二年（一六九九）の間に、新たに長重・光重に召し抱えられた主な家臣は一四五名を数える。その内訳は、慶長八年〜元和七年（一六二一）までの常陸時代に一〇名、元和八〜寛永三年（一六二六）の棚倉時代に一八名、寛永四〜十

▼一門・譜代
一族と代々仕えている家臣。

九年の白河時代に五八名、寛永二十年の二本松移封後は五九名となっている。★

近世における武士への俸禄は、地方知行《じかたちぎょう》制（領地を与える）と俸禄《ほうろく》制（藩の蔵米《くらまい》を与える）によって給与された。前者を知行取り（給人《きゅうにん》）、後者を蔵米取りと称する。初期においては地方知行制が多かったが、時代が下るにつれて俸禄制が多くなる。丹羽家の場合、白河時代の「寛永十三年御領地支配帳」によれば、知行地高五万九千六百六十石余（給人数二八一人）、これは総領地高十万七百石に対して五九％に当たり、残り四万一千四十石（四一％）が蔵入地《くらいりち》★であったが、二本松移封後は地方知行制はほとんどなくなり、実際に知行地を与えられていた家臣は一門の丹羽庄兵衛一人であった。

家臣の数は時期によって増減があるが、享保十五年（一七三〇）の「二本松藩御備定《おそなえさだめ》」では、下表のように総数五四三人、馬方・医師を除く士卒は五〇九人と数えられる。「給人」とは本来知行地をもつ家臣のことだが、この時代には名目上のものである。「無足《むそく》」とはもともと知行地をもたない家臣のこと、「歩行《かち》」は足軽その他の下級の歩卒（中間《ちゅうげん》・

▼『二本松市史 1』二四〜五ページによる。

▼蔵入地　領主（大名）の直轄地のこと。

享保15年（1730）4月　二本松藩家中総人数割り一覧

区分		人数	備考
大身	家老	6	
	大城代	1	
	組外	1	無任所の執政か
	番頭	9	ここまで知行500石以上か
詰番（組外共）		(7)	下の人数と重複するか
馬持「給人」		61	知行450石〜250石 医師を除く
馬持以下「給人」		215	知行220石〜75石 医師・馬方を除く
「宗領」無足		76	禄高400石〜70石 ６人扶持と医師・馬方を除く
大番無足		24	禄・扶持の記入なし
大組無足		24	〃 医師・馬方を除く
歩行小頭		2	
歩行目付		25	
歩行		16	
歩行並		26	馬方を除く
歩行並以下小役人		23	
以上計		509	
馬方		8	
医師		26	
合計		543	

〔享保15年４月「御備定」（『福島県史 第10巻 上』）により作成〕

若党《わかとう》などは含まない）である。藩士は禄高《ろくだか》によって格付けされており、二本松藩では知行高（禄高）五百石以上を大身《たいしん》、二百五十石以上五百石未満を中身《ちゅうしん》、五十石以上二百五十石未満を小身《しょうしん》と区分し、ここまでを「本侍」（正規の藩士）としている。享保期（一七一六～一七三六）のものと思われる「二本松藩給人調書」によれば、藩士の構成は大身が一七家、中身が五三家（医師二家を含む）、小身が二七九家（医師二三家を含む）の計三四九家となっている。

　地方知行制は行われなくなったが、俸禄支給は地方知行の考え方にもとづいてなされた。例えば知行（俸禄）高百石の藩士は、成《なり》（年貢）四ツ（四〇％）とプラス口米《くちまい》六％として、米四十二石四斗が実際の支給高である。これを米方二十一石二斗（米・大豆・油荏《あぶらえ》）、金方二十一石二斗に分け、金方には浮役《うきやく》（臨時の雑税）分がプラスされて金六両三分と銭三貫一八〇文となり、この金銭と米方（米・大豆など）が、六・九・十二月の三回に分けて支給されたのである。

丹羽家略系図

丹羽長秀（家祖）―長重（白河藩）―光重（二本松藩初代）―二代 長次＝三代 長之《ながゆき》（光重二男）―四代 秀延《ひでのぶ》＝五代 高寛《たかひろ》（分家丹羽長道の子）―六代 高庸《たかつね》―七代 長貴《ながよし》―八代 長祥《ながあきら》―九代 長富《ながとみ》―十代 長国《ながくに》＝十一代 長裕《ながひろ》（上杉斉憲の子）

これも二本松

二本松藩（丹羽氏）
歴代藩主要覧
【かっこ内は生没年・月／在位年・月】

丹羽氏の家紋「違い棒」

初代藩主　光重《みつしげ》（元和七・十二～元禄十四・四／寛永二十・七～延宝七・四　致仕）

丹羽長重の三子として江戸仮邸に生まれる。寛永二十年七月、白河より二本松へ移封（十万七百石）。二本松城・侍屋敷・城下町を整備し、法制を整え、学術の振興に努め、藩体制の基礎を固める。

二代藩主　長次《ながつぐ》（寛永二十・九～元禄十一・六／延宝七・四～元禄十一・六　卒去）

丹羽光重の長子として江戸本邸に生まれる。天和三年、日光廟修築の公命、元禄四年、出羽置賜郡の幕府領検地の公命。

三代藩主　長之《ながゆき》（明暦二・三～享保十三・十二／元禄十一・八～元禄十三・十二　卒去）

丹羽光重の二子として二本松に生まれる。長次の養子。

四代藩主　秀延《ひでのぶ》（元禄六・三～享保十三・五／元禄十四・二～享保十三・五　卒去）

丹羽長之の二子として江戸青山邸に生まれる。幕府は国目付を二本松に派遣。藩の基本法令「郷村御壁書」を制定。

五代藩主　高寛《たかひろ》（宝永五・一～明和六・六／享保十三・六～延享二・五　致仕）

幕臣丹羽長道（家祖長秀第六子の四世の孫）の長子。江戸に生まれる。秀延の養子。信夫郡幕府領の農民ら二本松に哀訴。享保十五年、信夫・伊達両郡の幕府領五万石を預かる（寛保二年まで）。同年、日光廟修築の公命。享保の藩政改革（岩井田昨非を登用）。

六代藩主　高庸《たかつね》（享保十五・二～明和二・六／延享二・五～明和二・六　卒去）

丹羽高寛の長子として二本松に生まれる。引き続き岩井田昨非を用い、藩政改革。延享二年八月、赤子生育法を出す。同四年、美濃・伊勢の川浚え普請の公命。戒石銘を建てる（岩井田昨非）。寛延二年十二月、領内に大一揆起こる（「年貢半免」を約すも、のち撤回）。宝暦十三年、江戸増上寺修築の公命。同年、領内凶作（損耗高四万二千石）。

七代藩主　長貴《ながよし》（宝暦六・五～寛政八・三／明和三・一～寛政八・三　卒去）

丹羽高庸の長子として二本松に生まれる。明和四年、二本松大火。天明三年より天明の大飢饉。成田頼綏を登用し、寛政の藩政改革。医療救助令、養老法施行(大壇の地に養老所設置)。安積郡の村々を巡視。寛政元年、美濃・伊勢の川普請御手伝金一万七千両上納。

八代藩主　長祥《ながあきら》（安永九・十〜文化十・八／寛政八・五〜文化十・八　卒去）

　丹羽長貴の長子として江戸永田町藩邸に生まれる。引き続き成田頼綏を用いて藩政改革。美濃・伊勢川浚普請御手伝金一万五千両上納（寛政八年）。東海道・甲州川浚普請御手伝金一万五千三百両上納。

九代藩主　長富《ながとみ》（享和三・八〜慶応二・七／文化十・十一〜安政五・十　致仕）

　丹羽長祥の長子として江戸永田町藩邸に生まれる。文化十二年、東叡山廟殿修築の公命。同十四年、藩校敬学館設立。家老丹羽貴明を中心に藩政刷新に着手。文政二年より領内村々を巡視し、農村復興策を推進（新年番名主制、領内各村へ総額三千四百両の救助金下賜）。文政五年、幕府領川俣代官領の農民、二本松城下へ来たり、年貢延納願いの取り次ぎを訴える。文政七年、二十五人組制度を布き、倹約を令する。

　天保三年、大手門・竹田門を大改築。この頃から丹羽貴明の浪費始まる。賄賂政治横行。天保四年、山ノ内五カ村が幕領となり、代わりに信夫郡八カ村を領有。この年から天保の大凶作（同九年まで）。

　弘化二年、江戸城修築御用金五〇〇〇両。嘉永元年、大坂城修築御手伝金七七〇〇両を上納。

　安政二年、青田原で藩兵の軍事訓練。同年、江戸大地震、藩邸も崩壊。安政五年より、上総国富津砲台警備（慶応三年まで）。

十代藩主　長国《ながくに》（天保五・四〜明治三十七・一／安政五・十〜明治元・十一　領地没収）

　丹羽長富の長子として二本松に生まれる。万延元年、江戸城修築用大奉書紙一万束献上。文久二年、藩主の家族、二本松に帰る。同三年、江戸警備、次いで京都警衛。元治元年、水戸天狗党討伐。慶応元年、再度京都警衛。同二年、信達一揆鎮圧に出動。同三年、白河城番の公命。大政奉還、王政復古の大号令、同四年、東北戊辰戦争。七月、二本松城落城、降伏。九月、明治と改元、十一月所領没収。

十一代藩主　長裕《ながひろ》（安政六・三〜明治十九・七／明治元・十二〜明治四・七　廃藩）

　米沢藩主上杉斉憲の第九子、江戸に生まれる。長国の養子。明治元年十二月、丹羽家の家督相続を許され、復活二本松藩五万石に封ぜられる。同二年、版籍奉還を許され、二本松知藩事に任命。同年、廃藩置県、二本松藩消滅。

③ 藩体制の確立

初代藩主丹羽光重から四代秀延までの間に、二本松藩政の基礎が固められた。職制・法制・郷村支配体制が確立するのもこの時期。しかし、領内総検地は行わず、新検地も三八パーセントの村にとどまり、課税は比較的ゆるやかであった。

二本松藩の職制

二本松藩の職制は、家老座上（上席家老）―家老の下に、軍事面をつかさどる番方《ばんかた》と、司法・行政をつかさどる役方《やくがた》に大別され、そのほか藩主の家政事務にあたる奥方《おくかた》（勝手方）および江戸詰があった。番方は家臣の軍事的編制で、家老の下に大城代―小城代―番頭（八名）―物頭―組頭を組織していた。役方は家老の下に郡代―郡奉行（町奉行）―代官（一〇組）をおいて民政にあたり、その他家臣への給与など藩の財政を担当する勘定奉行をはじめ、御金役（出納）・宗門奉行・割奉行・蔵奉行・作事奉行・山奉行・駒奉行・旗奉行など二〇種以上の役職がおかれ、藩庁を構成していた。

奥方（勝手方）は御用人が統轄し、その下に小姓・御膳番・大納戸・小納戸・祐筆などが従っていた。御用人は評定所の構成員でもあり、表方の行政・司直のことにも発言力をもっていた。江戸藩邸は江戸家老が統轄し、そのもとで本占《もとじめ》（留守居役）が外交の責任者として重きをなした。家臣の監察・行政監察・治安維持のためには、大目付（士分以上）―徒士目付（士分以下）―足軽目付―町村目付（町・村の行政監察）がおかれていた。

江戸後期（宝暦〜寛政）の主要な役職の定員・格式などについては下表にまとめた。時代が下るにつれて、格式と禄高・職務の能力が合わなくなったので、藩は禄高の不足を役職の格に合わせて補う制度を定めた。これが格料で、下表は元文三年（一七三八）の規定である。これでも不足の場合には、さらに「込高」を加えて禄高と役職のバランスをとった。八代将軍吉宗が享保の改革の中で実施した足高《たしだか》の制★にならったものであろう。

江戸後期、二本松藩の主要役職の定員、格式一覧

役　職	定員（人）	任命対象・格式	格料（石）	備　　考
家　老	6	500石以上（1000石格）	200～100	役料は大家老200石 家老座上150石
大城代	1	500石以上	85	戦時には守城の主将
小城代	2	300石以上	60	上の補佐
番　頭	8	500石以上	80	侍大将、時には７人
物　頭	7～10	250石以上	55	御先手（戦闘隊長）
郡　代	3～4	250石以上	55	民政全般の統轄
町奉行	2	200石以上	40	城下町の民政・司法
郡奉行	4～7	150石以上	40	民政一般（代官の指揮）
代　官	10	70～150石格	？	天保４年から11人
御用人	6～9	250石以上	55	奥方の統轄
本　占	2	250石以上	55	江戸留守居役
大目付	6	250石以上	45	監察、治安

〔明和３年「霞城武鑑」（『二本松市史 5』）、寛政８年「役人帳」元文３年「格料之定」（『二本松市 第４巻』）〕

▼足高の制
幕府の役職につく際、家禄がその役高に及ばないとき不足分を在職中だけ支給する制度。

法制の整備――条目・壁書・高札など

江戸幕府の民衆支配に関する法令は、徳川家康以来数多く出されたが、それらは寛永十九年（一六四二）八月の郷村取締令、翌二十年三月の土民仕置覚および田畑永代売買禁止令、同年八月の郷村御触、慶安二年（一六四九）二月の慶安御触書および検地掟、寛文十三年（一六七三）六月の分地制限令などによって完成された。二本松藩の藩法も、これら基本法令にのっとったものであるのはいうまでもない。丹羽光重入部直後の寛永二十年九月に発せられた「条々★」は、大略下記のように記している。丹羽二本松藩最初の藩法といってよい。

　二本松藩ではその後さまざまな法令・規定が出され、二代藩主長次、三代長之を経て四代秀延の時代までには、領民の支配・統制法が整備された。それらは享保二年（一七一七）六月の「御壁書」によってひとまず集成された。これには①郷村取締り二十一カ条、②村・町の日常生活に関する三カ条、③領内人別改めの十七カ条、④急用出人《でにん》（若党・小者）に関する二カ条、⑤諸代官の給人（藩士）の米預かり・払いに関する三カ条、⑥薬料の定め二カ条が記されている。

　さらに享保十二年二月には右の御壁書をより具体化して、領内各組（各代官支配）に対する「条目」を布令した。各組とも基本的には共通しているが、地理的

▼条々

①公儀御法度の者を隠し置くな。②キリシタン宗門の者を訴人せよ。③にせ金づくりかたく禁止。④竹・木みだりに伐採するな。⑤独身者を一夜のほか宿泊させるな。⑥手負いの者を隠し置くな。⑦領民（男女）が他所へ出ること一切禁止。商売で出る時も日限を明確にし「肝煎」（庄屋・名主）の許可を受けよ。⑧博奕諸勝負はかたく禁止。⑨喧嘩口論する者は処罰する。荷担する者はより重科とする。⑩「夫伝馬」（荷物運送の人夫・馬）は、奉行の差し紙ない者には一切出すな。⑪鶴・白鳥・雁・鴨・鶉・雲雀は公用以外一切捕るな。⑫雉子・鳩も鑑札なしに捕るな。⑬鉄炮をみだりに撃つな。

・経済的条件によって若干の相違点がある。例えば「本宮組条目」は、公儀法度・制禁の遵守に始まり、鉄砲、伝馬、赤子間引《あかごまびき》、夫婦喧嘩、耕作、養蚕、用水、年貢皆済、田畑分け、田畑貸地、徒党、投げ目安、訴訟、村役人とその恩給、小物成、諸役割賦、救済物、山林竹木、諸役人接待、鳥見穀留番所《とりみこくどめばんしょ》、駒付《こまつけ》、宿駅問屋、駄賃、市場などへの制限・禁止・義務について詳細に述べ、最後に「人面改めの節村々にて御読み聞かせ、小百姓・水呑に至るまで相通じ候様」にと命じている。

なお幕府は、民衆支配の掟・禁令・定めを徹底させるため、全国の市場・要路など人目をひく場所に高札場を設けて掲示させていた。二本松藩でも主要な宿村に高札場があり、各高札を下記のように略称して掲示させていた。

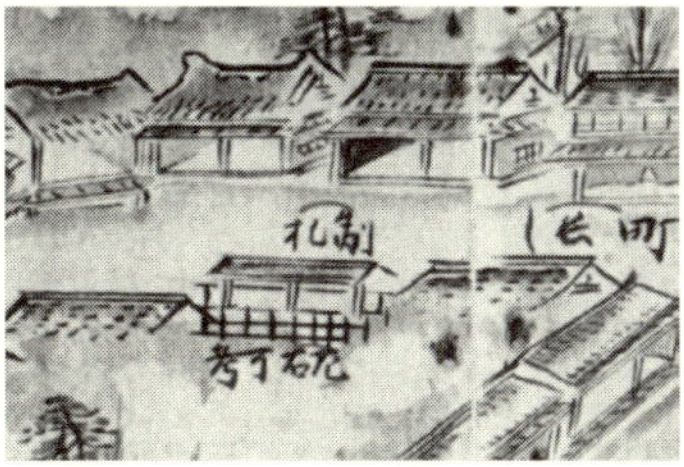
本宮北町の制札（高札）場
（「増補行程記」盛岡市中央公民館蔵）

下の七枚すべてを掲げた所は、城下本町、本宮北町、郡山下町の三カ所であった。切支丹・火之元・駄賃・徒党・御自分の五枚を掲げたのは、杉田・二本柳・苗代田・横川・中山（以上安達郡）、高倉・日和田・福原・小原田・日出山・笹川（以上安積郡）の一一カ宿で、切支丹・火之元・徒党の三枚だけを掲げた所は、安達郡の一四カ村、安積郡の六カ村であった。

二本松藩の高札の略称

①「親子兄弟」（正徳元＝一七一一年）—家業・分限・博奕・喧嘩口論・鉄炮・盗賊・人売買・下人奉公など、社会生活全般に関する制禁。
②「切支丹」（正徳元年）—キリシタン制禁と訴人への褒美。
③「毒薬」（正徳元年）—毒薬・にせ薬・にせ金制禁、新銭の交換比率・高値の品売り・諸人作料の制限など。
④「火之元」（正徳元年）—火つけの処罰、不審者取締り、火事場での制禁事項。
⑤「駄賃」（正徳元年）—人・馬・駕籠などによる運送の規準、御朱印伝馬、宿駅常備人馬、駄賃の定めなど。
⑥「徒党」（明和七＝一七七〇年）—徒党・強訴の制禁、訴人への褒美など。
⑦「御自分」（正徳二年）—二本松藩の定めで、伝馬・人足の駄賃、洪水の際の割増しなどの規定を記す。

郷村支配と代官

丹羽光重が二本松に入部して支配した村々は、安達郡六九カ村、安積郡四一カ村、計一一〇カ村である。この村数は幕府から渡される「領知目録」に記されているものであるが、実際の村数は、上下・南北への分村、新田村の独立などによって増える。村々は一〇組に分けられ、その支配は次のような職制によって貫徹された。

家老―郡代―郡奉行―各組代官―各村名主―組頭―本百姓―水呑
　　　郡代―町奉行
　　　各組代官―年寄
　　　各村名主―長《おさ》百姓

郡代は郷村支配の最高責任者で、民政全般について統轄する。原則として禄高二百五十石以上の藩士から三～四名が任命された。

郡奉行は、郡代の指揮下に、年貢・諸役、公事訴訟、検地、人別改め、諸普請、褒賞等々の具体的な事柄につき、各代官を指揮して決裁する。原則として禄高百五十石以上の藩士から四～七名が任命され、一人ずつ月番で務めるが、重要事項は全員で協議し、時には郡代・目付・評定役人が立ち会う。

村々を直接支配・統轄するのは各組代官である。郡奉行の指揮下に、組内の行

本宮組代官屋敷跡。道路右側の高台

政・司法全般にわたる職務を担当する。代官は禄高七十〜百五十石格の藩士から任命された。初期には各組二名ずつ配置され、村分けも安積・安達両郡にわたる組もあったが、明暦元年（一六五五）に藩政の機構整備を行い、各組代官を一名としたという。村々の組分けが一〇組に確定したのもそのときと思われる。

城下に近い小浜・渋川・杉田・玉井《たまのい》の四組の代官は「地代官」と呼ばれ、城下の自分の屋敷で政務をとった。それに対して、針道《はりみち》・本宮・糠沢・郡山・片平・大槻の各組の代官を「遠代官」と称し、それぞれ現地に代官所を設置していた。各代官所には、会所と呼ばれる政務を行う役所を中心に、代官役宅・手代役宅およびそれに付属する年貢収納蔵・備荒籾蔵・牢屋などの建物が造られていた。本宮組・糠沢組の二代官所は本宮北町（現本宮市本宮字舘ノ腰）におかれ、郡山・片平・大槻のいわゆる安積三組の代官所は、郡山上町にそれぞれ設置されていた。城下六町（若宮・松岡・本町・亀谷・竹田・根崎）は町奉行が管轄していたが、年貢・諸役の賦課・徴収に関することは、杉田組代官がつかさどった。

なお一〇組の代官は、天保四年（一八三三）からは一一組となる。同年二月、大槻組一七カ村のうち山ノ内五カ村（安佐野・舟津・舘・横沢・浜路─現郡山市湖南町）が幕府領となり、代わりに信夫郡五カ村（八

安達郡内七代官支配領域図

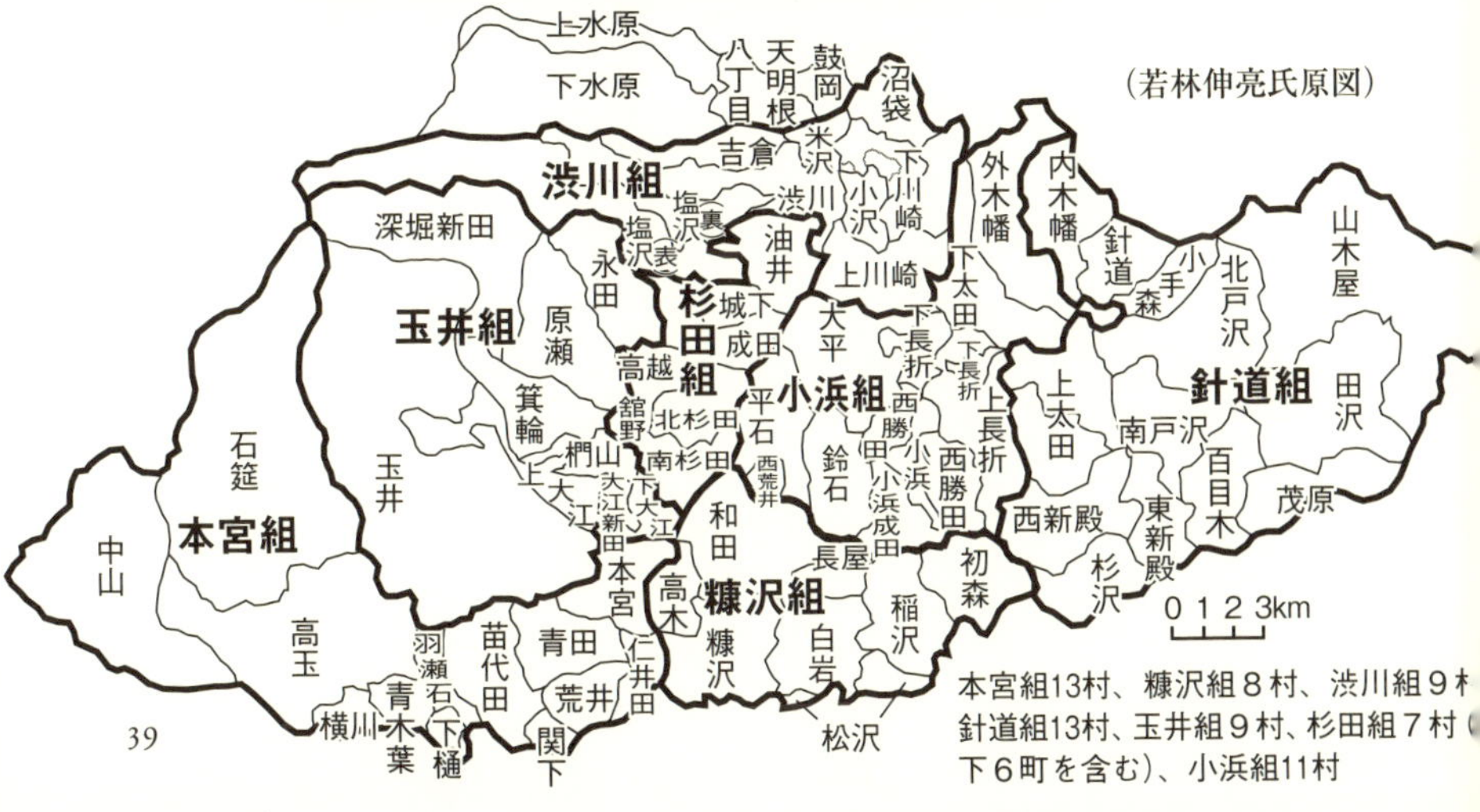

本宮組13村、糠沢組８村、渋川組９村、針道組13村、玉井組９村、杉田組７村（城下６町を含む）、小浜組11村

丁目・鼓岡・天明根・上水原・下水原―現福島市松川町）が二本松藩領に振り替えられ、新たに八丁目組代官がおかれたからである。

村（町）の役人たち

郷村支配の末端を担うのが村役人である。二本松藩の村では、地方三役といわれる名主・組頭・長百姓（他藩では百姓代）のほかに、村目付・錠番・山守・百石廻り組頭などがおかれていた。

名主（町では検断）は村の長として村政全般をつかさどった。村の河川・道路・橋梁の補修、年貢・諸税の割賦・徴収、領主の命ずる諸調査の実施、諸帳簿の作成、検地・検見の案内・補助等々にあたり、代官所に毎月交代で詰め（月番名主）、その組全体の行政事務にも携わった。名主は原則として一村に一人（一手《て》合《あい》）任ぜられたが、村高千石以上の大村には二～三名（二～三手合）の名主がおかれる場合もあった。一村に三人の名主がいた例としては、玉井《たまのい》村（村高三千九百九石余、現大玉村）の原瀬半右衛門・玉応平次郎・鈴木定右衛門、外《そと》木《こ》幡《はた》村（村高二千七百八十六石余、現二本松市木幡）の布沢源蔵・佐久間直右衛門・同巳之介、片平村（村高二千八百三十九石余、現郡山市片平町）の冨田名兵衛・小池伴之丞・伊藤喜介があげられる。★

▼名前は明和六年写しの「豊凶免録」による。

名主はおおむね世襲であったが、二本松藩では退役・新任・転勤が比較的多かったのが特徴で、丹羽氏入部時から幕末まで同一村で異動なく続いた名主は、領内一四〇家中の二一家にすぎなかった。これらの家は、中世の土豪・地侍の系譜を引き、会津領時代に帰農した者が多く、近世村の草分け百姓でもあった家である。嘉永年間（一八四八〜五四）にまとめられた「郷役譜」や「代数書」に記載される小浜町（現二本松市）の水梨郡右衛門、苗代田村（現本宮市岩根）の伊藤長左衛門、大槻村（現郡山市大槻町）の相楽捨蔵らは、その代表的な家である。

名主は自宅を役所として事務をとったので、名主役宅の建築・修復などは村費で賄われ、代官や藩役人が休泊できる上段の間などを備えていた。名主には役料として米約五石、銭六貫文程度が支給され、また村人足や御用人足（藩命）を免除される特権もあった。

なお二本松藩には、有能な名主が一年交替で代官所の会所に詰め、代官布達の配布や願書の処理などにあたるほか、各村名主らのまとめ役をも担う「年番名主」または「御用聞名主」の制度があった。これは他藩の例でいえば、白河藩の大庄屋、会津藩の郷頭《ごうがしら》、三春藩の割頭《わりがしら》に相当するといえようか。この年番名主は、後年、文政二年（一八一九）に新設された「年番名主」とは別のものである。後者は天明飢饉以来の農村疲弊救済策として、郡代・郡奉行の村々巡回の強化に合わせ、名主頭四人を選んで一カ月に十日ほど廻村させ、村の風儀・田畑・家屋

天保年間に再建された旧仁井田村名主遠藤精吾家。南側は半切妻屋根（本宮市）

敷の手入れ、農業労働の実態、荒地手余り地の回復、用水・山林の維持等々を監察させ、より具体的に農村復興策を指導させるという制度である。名主頭四人とは、安積郡、小浜組と針道組、渋川組と杉田組と玉井組、糠沢組と本宮組から各一人を任命した（文政八年からは五人となる）。

名主以外の村役人について概要を述べよう。

組頭（定組頭）は名主の補佐役で、二本松藩では名主一人につき二人を原則とし、村民の入札で選ばれた。名主のもとで布達の周知、種々の事業計画などにあたるので、特に読み書き・算盤の達者なことが要求された。なお文政七年（一八二四）に藩から「町」の呼称を許された郡山町・本宮町では、組頭と目付を合わせた「町目付」という役職を設けている。

錠番は各村郷蔵の鍵を保管し、諸貢租の割付《わっぷ》・収納の確認、藩命による穀類の出入庫をつかさどった。山守は藩の御用林（御立林）と村持山の看守にあたり、伐木・植林の仕事を担った。

村目付は村役人以下村民の不正を監察し、村内の変事や善行者の有無の調査などの役割を担った。長百姓（郡山・本宮では長町人）は農民の代表で、民意を上部へ反映させる協議役である。

五人組・二十五人組制度

郷村支配の最小単位として重要な役割を果たしたのが五人組制度である。戦国末期から侍・土民の地域的連帯・連座組織として存在していたが、徳川政権ははじめ浪人・キリシタン取締りのために制度化し、やがて一揆・徒党その他の犯罪防止、貢納の確保のための相互監視・連帯責任の組織として、寛永期（一六二四～四四）には全国的に実施された。

二本松藩の五人組は、近隣の三戸から五～六戸を一組とし、戸主名を記した「五人組帳」を作成して藩庁に提出させたが、その際幕府や藩の法令の重要禁止事項を列記した「前書」を付し、全員にそれの遵守を約束させ、署名捺印して提出させたのである。五人組制度の狙いは、前述したように相互監視、連帯責任、相互扶助、上意下達の徹底であるが、より具体的には下段のような責務も課されていた。

封建領主にとってこの制度は、統治支配体制の維持のための必要不可欠の制度となっていった。明治二年（一八六九）に廃止されたが、その後も慣習として残り、昭和十年（一九三五）の隣保制度、同十五年の隣組制度として復活し、現在にも形を変えて続いているといえようか。

五人組の責務

①親戚同様、縁組・相続・廃嫡などに立ち会い、戸主幼年の場合には財産管理にも関与し、後見人を選定する。
②農事に出精させるための監視と生業不振への助成、および田畑屋敷等々の入質・売買等の書類に連印する。
③お互いの行動の監視、旅行・外泊の届け出の徹底、善行の奨励など。
④各種の願書・訴訟の際、連印して連帯責任を負う。
⑤年貢未納者の年貢の代納、吉凶禍福の際の助け合いなど。

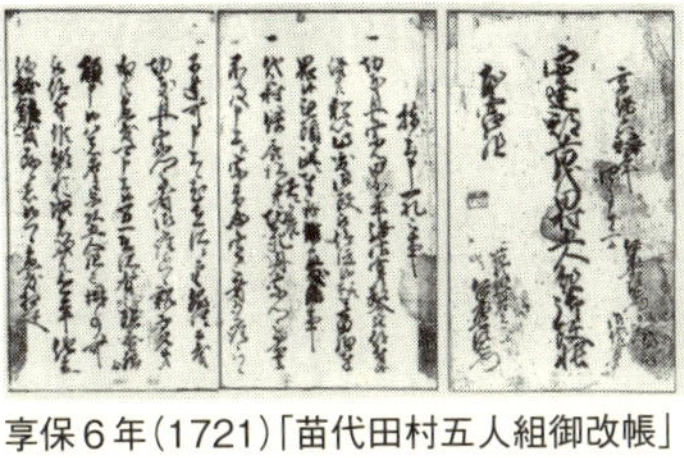

享保６年（1721）「苗代田村五人組御改帳」の前書（部分。本宮市岩根・伊藤昭三家文書）

文政七年（一八二四）三月、九代藩主丹羽長《なが》富《とみ》は、藩政改革（家老丹羽貴明《たかあき》中心）の一環として、倹約の徹底、儒教道徳観の強調、二十五人組制度の三つを柱とする「藩主御諭達」および「二十五人組御趣意書」を発し、各代官に通達した。当時の農村の荒廃と窮状を打開するためには、従来の五人組では対応できなくなっており、相互扶助機構を拡大して二十五人組制度を発足させることで、年貢収納の確保と封建支配体制の維持強化を図ろうというものであった。しかし、「一組に金二両を下賜し、寄合の道具を調え置き、各自少しずつ溜め銭をし、組内に三人の世話役を置いて難渋者の救済にあてさせる」という程度の内容では、抜本的な対策とはなりえなかった。

丹羽二本松藩「古検の村」「新検の村」一覧

郡	組	古検の村	新検の村
安達郡	本宮組	本宮・仁井田・荒井・関下・青田・苗代田・横川・高玉・石莚・中山	羽瀬石・下樋・青木葉
	玉井組	玉井・箕輪・原瀬・永田・深堀新田	上大江・下大江・大江新田・椚山
	糠沢組	高木・長屋・松沢・稲沢・初森	糠沢・和田・白岩
	杉田組	なし	北杉田・南杉田・舘野・高越・上成田・下成田・油井・城下6町
	小浜組	上長折・下長折・大平・平石・西荒井・西勝田・下太田・外木幡	上宮守・下宮守・小浜成田・鈴石
	針道組	針道・内木幡・南戸沢・北戸沢・小手森・上太田	西新殿・東新殿・杉沢・茂原・百目木・田沢・山木屋
	渋川組	渋川・上川崎・下川崎・塩沢・小沢・米沢・吉倉・沼袋	なし
安積郡	郡山組	郡山・小原田・日出山・笹川・久保田・福原・日和田・高倉・八丁目・八山田・横塚・笹原・荒井	梅沢
	片平組	片平・河内・夏出・長橋・富田・早稲原・前田沢	堀之内・上伊豆島・下伊豆島・安子島
	大槻組	八幡・駒屋・川田・成田・野田・鍋山・富岡・下守屋	大槻・多田野・山口・大谷・安佐野・舟津・舘村・横沢・浜路
計10組		70カ村	42カ村と城下6町
出典		「永検・古検・石盛・検地定式・(『大玉村史・史料編』P220以下)、二本松藩「職例秘要・郡奉行 一」(『二本松市史 4』P280以下)	

古検の村と新検の村——二本松藩の新検地

江戸幕府は慶安二年（一六四九）二月、詳細な検地条目を布達した。幕府領だけでなく、多くの藩もこれにならって領内全村の総検地を実施して、課税対象高を増大させた（例えば白河藩の慶安検地）。しかし、二本松藩は領内一斉の総検地は行わなかった。村も増えて、全領一一二カ村と城下六町のうち七〇カ村（六二%）では、文禄三年（一五九四）の蒲生氏時代の太閤検地による村高が「本田高」として幕末まで受け継がれ（これを古検の村と称する）、残り四二か村と城下六町（三八%）では、寛文八～享保九年（一六六八～一七二四）の間に、検地のやりなおしが行われた（新検の村と称する）（前頁下表参照）。

古検の村の斗代★（石盛《こくもり》）は、一部の例外（安積郡郡山村）を除いては、太閤検地と同じ「奥州代石盛」で、間竿《けんざお》★も六尺五寸（一九七センチメートル）が用いられた。古検の村でも新開発地に対する部分的検地は行われたが、その場合もすべてこの規準が適用された。新検の村の斗代は「新検五段の石盛」が適用され、間竿は幕府条目と同じ六尺一分（一八二センチメートル）であった（下表参照）。ただし新検の村のうち、安達郡の羽瀬石村・下樋村・白岩村（以上現本宮市）と安積郡

二本松藩の古検・新検の斗代（石盛）
（1反当り）

Ⅰ 古検（奥州代） 位付	石盛	Ⅱ 新検（五段之石盛） 位付	石盛
上田	1石4斗0升	上々田	1石5斗5升
		上田	1 4 0
中田	1 2 6	中田	1 2 5
		下田	1 1 0
下田	1 0 5	下々田	0 9 5
上畑	0 7 0	上々畑	0 8 0
		上畑	0 6 5
中畑	0 5 6	中畑	0 5 0
		下畑	0 3 5
下畑	0 3 5	下々畑	0 2 0
屋敷	0 7 0	屋敷	0 6 5

〔二本松藩「職例秘要」（『二本松市史 第4巻』P280以下）〕

▼斗代
田畑一反歩当たりの標準収穫高（玄米）でその多少により、上・中・下の位付《くらいづけ》をした。

▼間竿
長さを測る竹の竿。面積の最小単位である一歩の一辺の長さを示す。

の山ノ内五カ村（現郡山市湖南町）だけは、古検と同じ石盛・間竿が適用されたという。

新検の村では、本田（蒲生検地で確定）・古新田（加藤時代までの新開発地）・新田（丹羽氏入部以後の新開発地）のすべてが六尺一分の間竿で丈量しなおされ、多くの村でかなりの増高《ましたか》（課税対象地の増加）となった。最も増加率が高かったのは針道組の新検の村七カ村で、本田・古新田・新田の総合計高五千百七十九石余から、新検地により三千四百四十二石余の増高となった（増加率六六・四％）。

新検地によって減高となった村もある。杉田組の村々（七カ村と城下六町）は、本田高の合計一万三百一石余から、新検地によって計一千百三石余が減高となった（減少率一〇・七％）。城下町の改修・整備、奥州街道と宿駅の整備にともなう田畑の潰れ地を課税対象地から除いたためである。

また特殊な減高の例もある。

安達郡和田村（現本宮市）の二ツ池古新田の高三百二十三石は、元禄七年（一六九四）の新検地ですべて削除された。この高が加藤時代に設定された「土無高」（耕地の存在しない架空の高）だったので、村民の願いをいれて検地帳から抹消したのである。安達郡白岩村は、元禄五年の新検地で本田高二千九百二十二石弱から七百九石余が減らされ（二四・三％減）、安積郡大槻村も正徳三年（一七一三）の新検地で、本田高二千五百九十九石八斗から一千三百六十九石七斗も減らされた（五二・七％減）。この両村とも、古キリシタン類族が多かったこととの関連が考えられるが確証はない。

二本松藩の税制

領民から徴収される租税は、本年貢（本途《ほんと》物成《ものなり》）のほかに、小物成・浮役《うきやく》・高掛物《たかがかりもの》などの雑税、商工業に対する諸役金（銭）、労働負担である夫役《ぶやく》その他、多種多様であったが、根幹はやはり田畑に課される本年貢である。

本年貢は、二本松藩では「取箇《とりか》」「成箇《なりか》」ともいい、検地によって決められたすべての田畑・屋敷地の高（全収穫量を玄米に換算）に一定の租率を乗じて賦課される。この租率のことを「免《めん》」といった。年貢の賦課・徴収は村単位で行われ、その割り当て指令書のことを、一般に割符状《わっぷじょう》・免状などというが、藩によってさまざまな呼称があった。安達郡仁井田村（現本宮市）に出された元和八年（一六二二、蒲生忠郷時代）の割符状には「仁井田村高物成之事」とあり、加藤時代には「仁井田村定当請之事」を用い、丹羽時

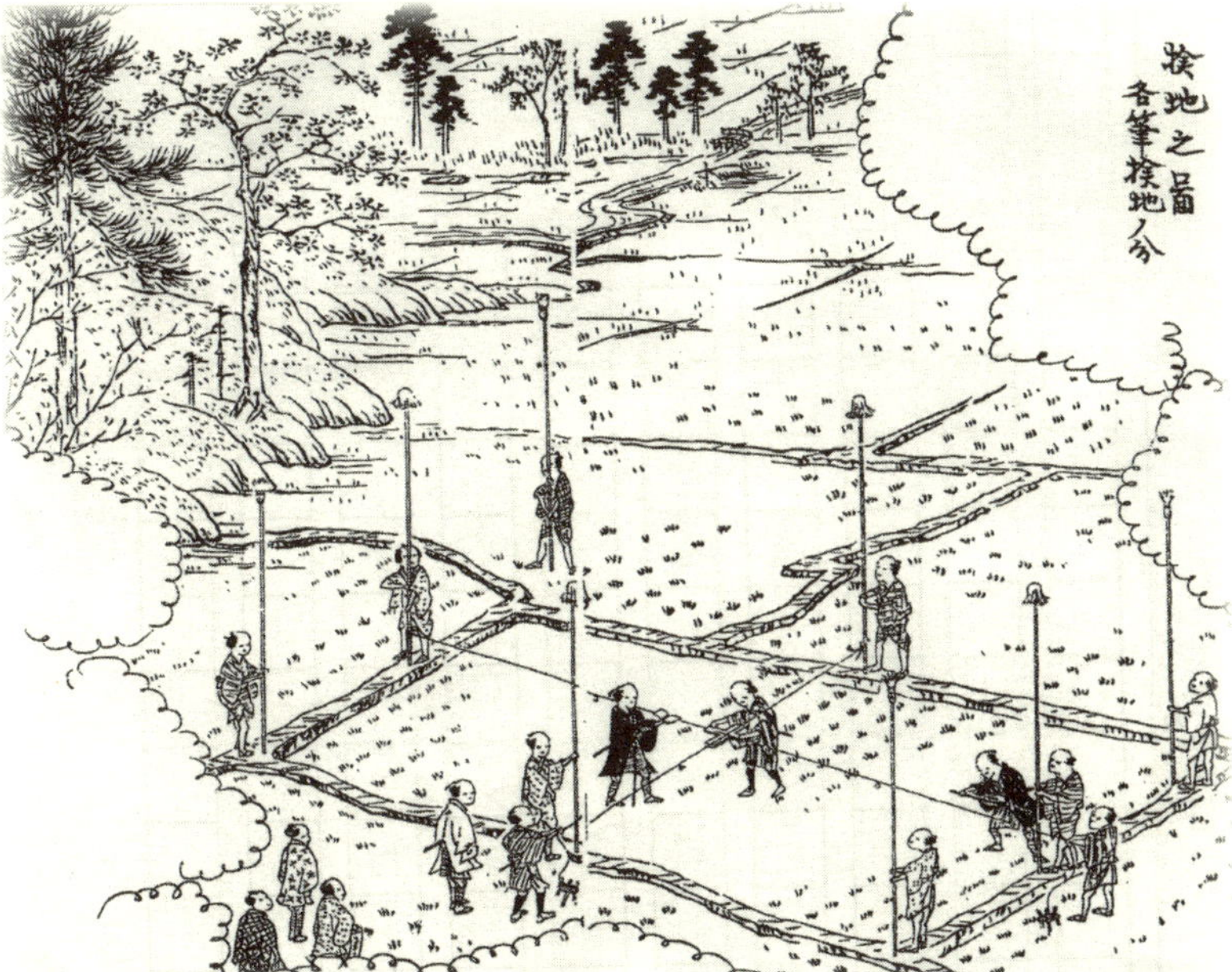

検地の図（『徳川幕府検地要略』）

代には「仁井田村成箇之覚」と称している。

免（租率）は五ツ（五〇％＝五公五民）、四ツ二分五厘（四二・五％）などと表される。各村の免を決めるには、検見《けみ》法・定免《じょうめん》法の二種の方法があった。検見法はその年の作柄に応じて免率を決めること、定免法は過去十年間位の平均収穫量を基礎として、その後は一定の租率を課すことである。丹羽二本松藩では明暦元年（一六五五）から定免法を採用した。もっとも定免法とはいっても二本松藩の場合、毎年二回藩役人が領内各村を巡回し、各村の作柄を「検見」し、免率決定の参考にしていた。五月の「夏毛《なつげ》検見」では郡奉行三人が領内を三分し、それぞれお供名主をつれて廻村し、麦作や稲苗の状況を検分し、村々の位付け（上・中・下）を家老に報告した。九月の「秋毛《あきげ》検見」では、郡代一人・郡奉行一人とお供名主が安積郡から安達郡へ（西廻り）、郡奉行二人とお供名主が安達郡から安積郡へ（東廻り）廻村し、両者が情報交換したうえで、稲作・畑作の作柄・予想収穫高を、これも上・中・下に位付けして家老へ報告した。この報告書をもとに郡代・郡奉行が協議し、各村の免が最終的に決定された。特に災害・不作の程度がひどい場合には「不作検地」を行い、免率を下げたり、課税対象高から何割か控除するなどの減免措置がとられた。

免率は村によって差があり、下は二公八民から、上は八公二民までであったが、八公二民・七公三民などという高率の村は古検の村によくみられるが、これは検地による課税対象高の計算が甘かったか、新田などの見逃しが多く、村高が実態からかけはなれていた村と思われる。藩全体の免率は、本高十万七百石に対しては平均して六公四民ほどであったが、古新田・新田をプラスした総高に対しては五公五民ほどになっていたと思われる。ちなみに『藩庁事弁録』によれば、明和四年（一七六七）の二本松藩の年貢収納高は、米方三万四百八十五石一斗三升、金方一万五五九両三分と銭六七貫五〇八文、大豆六十九石六斗四升二合、苧《からむし》九〇二匁五分で、平均免率は六ツ一分六厘余であった。

最後に個々の村への年貢賦課の具体例をみておこう。安達郡高木村（現本宮町）への慶安三年（一六五〇）の「成箇之覚」である。高木村の村高は本田高六百七十石三斗五升（この時点で古新田・新田はない）、免率五ツ三分（五三％）でその取米は三百五十五石二斗八升五合五勺、これに六％の口米（付加税）二十一石三斗一升七合一勺を加えて、年貢総量は三百七十六石六斗二合六勺となり、これを折半し、米方百八十八石三斗一合三勺、金方五八両三分と三〇一文を納めるのである。なお二本松藩では、米方に年貢作物である油荏《あぶらえ》と大豆が含まれる。

このような本年貢の他に定期・不定期の小物成（雑税）、各種職人・商人に対する諸役金（銭）、村高百石につき金三両の割りで課される高掛物、各種の労役（夫役）などがあり、さらに、幕府の軍役を務めるために各村に割り当てる御用出人《でにん》（若党・小者など）の負担等があったが詳細は省く。

秋毛検見坪刈の図
（『徳川幕府県治要略』）

④城下町と街道・宿駅の整備

入部した光重の最初の仕事は、二本松城（霞ケ城）と武家屋敷、城下町の拡充・整備だった。

幕府の交通政策にのっとり、仙台・松前道（通称奥州街道）をはじめ、主要街道も整備され、伝馬制度が確立した。

主な宿駅は慶長年間に設置され、町として発展してゆく。

丹羽氏入部と城下町の整備

寛永二十年（一六四三）八月、丹羽光重が二本松に入部した当時の城下町は、旧加藤明利二本松藩三万石の城下であり、武家屋敷と町屋・寺社が混在し、現市街地を二分する通称観音丘陵の北側に位置し、奥州街道（仙台・松前道）もここを通っていた。十万石規模の大名の城下町としては手狭で無防備でもあったので、城内外の本格的な整備が必要であった。整備事業は正保三年（一六四六）から始まったといわれるが、防衛上の普請でもあり、正式に諸工事の許可が幕府老中から下りたのは慶安二年（一六四九）六月である。その老中奉書は、阿部忠秋・阿部重次・松平信綱の三老中連署で出されており、概略次のように記されている。

二本松城の山内にある町屋を山外に移し、その跡を侍屋敷とすること、北条谷耕作地も侍屋敷とすること。西方白川口切通し（松坂口）の所に門を建てること。南方の先規切通しの道二カ所（久保丁・池ノ入口）に土手を構え、町への通路とすること。東の町口に切通しを築き（亀谷口）奥州街道に連絡すること。東奥口（竹田口）に堀を構え土橋を築き、土手に二階門を建てること、南白川口（桜谷）と北奥口（福島口、馬出し）に芝手の升形《ますがた》を築くこと。

以前の城下は、本町・中町・杉田町・塗屋町・鍋屋町などからなり、所狭しと町屋が軒を並べ、また城内・城下を問わず神社・仏閣が配置され、奥州街道もここを通り、領民や旅人が自由に往き来していた。そこですべての町屋・寺社を観音丘陵の東・南側に移し、奥州街道も付け替え、武家屋敷を元の城下（城周辺）に移して郭内と称し、一般領民の自由な立入り往来を禁じた。郭内は一ノ丁・二ノ丁・三ノ丁・六ノ丁・七ノ丁・片平丁・代

江戸後期二本松城下全図

（『二本松藩史』付録より）

官丁・新丁・西谷・池ノ入・蔵場丁・御厩丁・北条谷・久保丁などに区画され、役職や身分に応じて家臣の屋敷が配置された。

町屋は、付け替えられた奥州街道沿いに、西南の江戸口から若宮町・松岡町・本町・亀谷町、さらに竹田坂を北に越えて竹田町・根崎町の六町が町割りされた。この六町が新しい城下町となった。城下町（町人町）と郭内を結ぶ道路は、観音丘陵の頂部を掘り下げて「切通し★」とし、要所には城門を新設または改修した。新丁坂切通し頂上に松坂御門、亀谷切通し頂上に池ノ入御門、竹田見附に竹田御門、そして大手口にあたる久保丁切通し頂上に久保丁御門がおかれた。

寺社の多くは郭内を防備するように観音丘陵の麓に移転された。寺院は龍泉寺を除く二四カ寺が移され、現在も一七カ寺が同じ位置に存続するという。また城内に祀られていた八幡社と熊野社が合祀されて、本町の丘陵麓に移され御両社と称された（のち二本松神社）。

この一連の整備工事は、正保三年に着手され、十年余の歳月を費やし、明暦三年（一六五七）に一応の完成をみた。明暦三年には箕輪門《みのわもん》も完成し、二本松城それ自体も完成したといえよう。

奥州街道（仙台・松前道）の整備

箕輪門（復元）

▼切通し
山や丘を切り開いて通した道路。

奥州街道（道中）は正式には江戸日本橋から白河までをいい（宇都宮までは日光道中と同じ）、幕府は五街道の一つとして道中奉行に支配させていた。白河以北の三厩（青森県）までは仙台・松前道と称し、脇街道の扱いで勘定奉行の管轄であったが、これも一般的には奥州道中または奥州街道と呼んでいた。この街道の道筋や宿駅の整備は、豊臣秀吉の奥州仕置（天正十八年）のときに始まり、慶長九年（一六〇四）徳川家康の五街道を中心とした整備令が出され、主要な脇街道である奥州街道も整備が進んだ。江戸日本橋を基準として三六町を一里（約四キロメートル）と定め一里ごとに塚を築かせ、通路の幅は五間（九・一メートル）とし、街道の両側には松並木を植えさせたのである。

二本松藩領内の道筋は慶長十九年頃までには決定し、その間の主要な宿駅もほぼ完成されたと思われる。『松藩捜古』★の「駅亭古牒」の冒頭に「慶長十九年、永井監物・本多左大夫巡見シテ一里塚ヲ修築スル由ナレバ、当時往還海道・駅宿等ノ取極リシハ此時ナルベシ」とあり、当地方での道筋・宿駅がおおむね完成した時期を示唆している。この新しい街道が完成することで道筋が大きく変わり、従来の古街道沿いの村落はその賑わいを失い、新道への移転を余儀なくされた村もあった。郡山の「貞一聞書」（今泉文書）には、新道開設以前の郡山地方の街道について「今、小原田より横塚へ出る道を古海道といふ。慶長年中、今の海道に直したる由なり（中略）、古海道は笹川・日出山辺より小原田の東を通り、横塚

奥州街道の松並木の名残
（郡山市日和田町高倉地区）

▼『松藩捜古』
二本松藩内の名所、古碑、寺社、古文書類を編纂した書物。寛政〜文化の間に完成したといわれる。

のはが池の辺を通り、久保田の東、福原の東を通るなるべし。久保田・福原も今の所より東なりといへり、其頃の事なるべし。日和田は古き村なれば如何にありしや、高倉の舘の東を往来したる由、舘の表は東なり、是等も皆慶長の以前の古道の時なるべし」と記されている。

新道開設によって、かつて東方阿武隈川沿いにあった笹川・小原田・久保田・福原・日和田・高倉の集落が、慶長・元和期以後は現在地に移転したのである。久保田村・福原村は元和二年（一六一六）から移転を始め元禄四年（一六九一）頃には全集落が移転を完了したと「福原念仏講」の記録にみえる。久保田・福原の古街道跡には、今でも古戸・大木前・寺前・町裏・古舘・本町・町田・大師前・神明などの地名が残っている。

慶長期に整備された奥州街道は、ほぼ現在の主要地方道須賀川・二本松線に沿っているが、明治以後の改修によりかなり変わったところもある。また丹羽光重入部以後に付け替えられた箇所もある。前述した二本松郭内を通っていた街道を、郭外（新城下町）に移したのは慶安二～明暦三

二本松藩域主要道路図（幕末期）

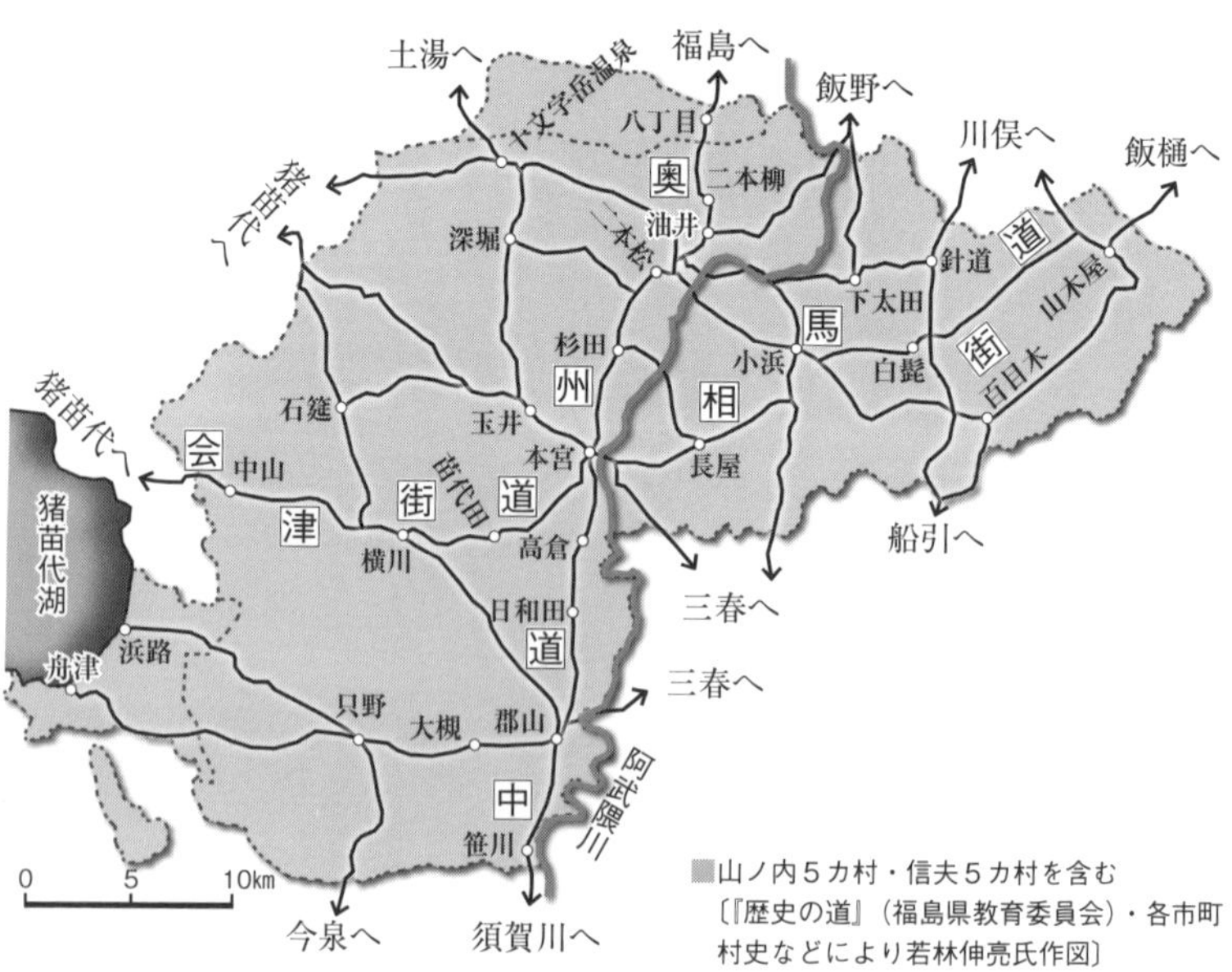

■山ノ内５カ村・信夫５カ村を含む
〔『歴史の道』（福島県教育委員会）・各市町村史などにより若林伸亮氏作図〕

年（一六四九〜五七）頃である。安達郡杉田村（現二本松市の内）の温石《おんじゃく》坂が古来より往還に支障があり、老中戸田山城守へ伺い、道中奉行兼大目付高木伊勢守へ図面を提出して付け替えを願い、新往還を完成したのは貞享五年（一六八八）であった。

奥州街道の一里塚は、当地方にはまったく残っていないが、須賀川市字高久田境に国史跡として残されている。また松並木は、その一部が須賀川・二本松線の郡山市日和田町高倉と富久山地内に、おそらく二代目・三代目の松が残り、面影をとどめている。

奥州街道の宿駅

慶長年間（一五九六〜一六一五）には奥州街道（仙台・松前道）の道筋がほぼ決定し、安達・安積地方の主な宿駅が整備された。二本松藩内の宿駅と各駅間の距離を、南から順に示すと次のとおりである。なお一丁（町）は約一〇九メートル、一里は三六丁（約四キロメートル）である。

笹川《ささがわ》―（一八丁）―日出山《ひでのやま》―（一八丁）―小原田《こはらだ》―（一五丁）―郡山《こおりやま》―（一八丁）―福原《ふくはら》―（二三丁）―日和田《ひわだ》―（三三丁）―高倉《たかくら》―（一里七丁）―本宮《もとみや》―（一里一二

丁）—杉田《すぎた》—（一里六丁）—二本松《にほんまつ》—（一里二丁）—油井《ゆい》—（六丁）—二本柳《にほんやなぎ》—（一里二丁）—八丁目《はっちょうめ》（天保四年から二本松領）

このうち福原・高倉・油井の三宿は元和元年（一六一五）以降の設置である。

次に主な宿駅の成立状況を紹介しておく。日出山には慶長十八年の会津藩（蒲生忠郷）仕置《しおき》奉行から出された「日出山駅法定書」で、肝煎三郎左衛門を問屋役に任命しており、この年に正式に宿駅となったとしてよかろう。郡山は中世末期には交通・経済の要衝になっており、天正十六年（一五八八）七月に当地の商人山本伊勢守が、伊達政宗から奥筋通行について馬一〇疋による一〇駄の荷物運送を許可された記録がある。はじめ街道は東方の阿武隈川沿いを通っていたが、慶長年間に西寄りに整備され、宿駅が設置された。宿場集落は以後急速に発展し、「貞一聞書」（今泉文書）に、「郡山は天和年中の縄引なり」とあるので、天和年間（一六八一～四）に第二次的な宿場整備が行われたと思われる。郡山宿（駅）の本陣は二カ所おかれ、嘉永五年（一八五二）の「本陣検断名主歴代簿」には今泉久右衛門と横田治右衛門の両人が記載されている。なお、今泉久右衛門の先祖今泉大炊左衛門は「慶長年中御本陣并検断仰せ付けられ」たとも記されている。

本宮宿は安達太良川を境に北町と南町に分かれる。北町は古くから安達太良明神社の門前町として形成され、戦国末期には中通り地方と会津・浜通りを結ぶ交通の要衝となり、慶長の初めには宿駅機能を果たしていたと思われる。南町は小沼貞長（もと三春田村氏の重臣）によって新設された。北町の人家が増えて町域が手狭になったことが新町建設の理由であった。貞長は慶長六年五月、当時の領主上杉家から安達太良川以南の荒地二百五十石を給与され、これをもとに長百姓八人、小百姓六七人の協力をえて新町建設にとりかかった。伊達政宗も永楽銭二〇〇貫を与えて援助したという。新町の町割りは慶長十三年十月に完成したが、町を二分することに反対する北町の役人などから、時の領主蒲生秀行に、小沼らが「南町を我儘《わがまま》に支配仕り候」と訴えられ、貞長は会津若松で取り調べのうえ、切腹させられる。その後も深刻な南北の抗争が続いたが、慶長十七年にようやく和解がなり、村高・市場の権利、本陣・脇本陣など宿駅施設、問屋《とんや》役・検断職などをすべて折半し、南北両町として発展をとげる。本陣・問屋役は、北町は慶安三年（一六五〇）から国分家、享保年間から鴫原《しぎはら》家、南町は正保二年（一六四五）から原瀬家が務める。

　二本柳宿の開設は古く、慶長三年七月の上杉家代官が出した「二本柳駅新営証書」によってわかる。二本松から八丁目（現福島市松川町）間の奥州街道は天正十九年に開発されたと伝えられるが、この間の距離が遠かったので中間駅が必要となり開設されたという。その後二本柳の伝馬の労役が重いので、月の半分の労役を助けるため、二本松・二本柳間に新たに油井宿が設置されることになる。

二本柳宿（二本松市安達町）の現状

会津街道と宿駅

会津街道は本宮宿から中山峠（楊枝峠《ようじ》）を経由して会津若松城下に至る街道で、越後街道とも呼び、会津側からは二本松街道と称した。本宮宿南端の太郎丸地内で奥州街道から分岐し、青田村・荒井村三本松から苗代田駅（以上現本宮市）を経て、横川・中山宿（現郡山市熱海町）を通り、会津領との境の楊枝峠に向かうもので、道筋は中世末期までは小屋館山（現本宮市岩根）の北側を通過していたらしいが、慶長元年（一五九六）に新道を開いて、五百川北岸沿いのルートに変更し、そのときに苗代田の宿駅形態が整ったと伝えられる。近代になって道筋はさらに改修が加えられ大きく変わった。中山宿から楊枝峠へ向かう旧道は、現在は廃道となっている。

会津藩では参勤交代には利用しなかったが、蒲生時代以来この道は軍事的・経済的に重要な役割を果たしてきた。寛永四年（一六二七）九月、加藤嘉明時代に郡代守岡主馬佐から苗代田村へ出した「覚」は「此道をろう・ろうそく・うるし・なまり、此四色とほすまじく候」と命じ、会津の特産品流出阻止を図っている。これは逆に、会津街道では当時重要物品の流通が活発に行われていたことも示唆している。会津街道に一里塚がいつ築かれたかは判然としないが、寛文十二年

中山宿（郡山市熱海町）から楊枝峠へ向かう旧会津街道

（一六七二）写しの「六郡絵図」（須賀川市図書館蔵）によれば、二本松領内の会津街道に五カ所図示されている。本宮北町の一里塚（奥州街道）を起点として、青田の三ツ池、苗代田、青木葉、中山村の二渡、中山宿の東側である。

次に二本松領内の各宿駅を概観しておこう。苗代田駅（現本宮市岩根）の成立は、前述のように慶長期初めで、早くから交通の要衝であった。丹羽二本松藩になってからは、高玉村・石筵村・中山村・安子嶋《あこがしま》村（以上現郡山市熱海町）から生産される薪・炭の集積・継ぎ立ての基地となっていた。享保十八年（一七三三）の記録で、藩の御台所用炭が一四一五俵、御鍛冶用炭が一八四俵出荷されている。また幕府の公用役人の宿泊、特に奥羽松前巡見使は、会津領から楊枝峠を越えて二本松領中山宿に入り、苗代田駅に一泊し、本宮を経て次は郡山に一泊するのが通例であった。享保二十一年三月の「本宮組村々大概帳」によれば、苗代田村の家数一三六軒、男三一四人、女二四九人、馬八〇疋であった。

苗代田から一里（約四キロメートル）のところに横川駅（現郡山市熱海町）があり、そこから安子嶋・福原・日和田に至る道が分岐している。会津藩の廻米はここから安積を通り黒羽方面へ、また幕末には守山（田村郡）から常陸の中之作へ継ぎ立てられた。享保二十一年の横川村の家数五二軒、男一四四人、女一〇二人、馬四四疋であった。

横川より二里のところに中山宿がある。ここから会津藩境の楊枝峠まで三〇町

（約三・二七キロメートル）である。慶長三年の「中山駅亭定書」と「中山村預置米之事」という古文書があり、この時点で宿駅が整備されていたことがわかる。ここには二本松藩の穀留《こくどめ》番所がおかれ、米・大豆・小豆・大麦・小麦・蕎麦・粟・稗・胡麻・油荏・漆・蠟・紙・竹木・薪炭・萱芦・直芦《すぐろ》・銭・雉子・小鳥の移出と、他領から入ってくる酒を改めた。享保二十一年の「大概帳」では、中山村の家数五〇軒、男一二一人、女九七人、馬四〇疋、宿場の集落は本村のみで在家はないと記している。

相馬街道と岩城街道

相馬街道は奥州街道（仙台・松前道）と相馬藩領を結ぶ道路で、相馬藩では奥州西街道《さいかいどう》と称していた。相馬中村から江戸までの路程は「水戸通り」（浜街道）七八里二五丁（一里は約四キロメートル、一丁は約一〇九メートル）と、「白河道」八一里二一丁との二ルートがあった。後者が相馬街道経由で江戸へ行く道筋で、その開設は「白髪問屋場由来記」などによって寛文年間（一六六一〜七三）としてよかろうか。

相馬中村から阿武隈山地を斜めに横断し、上栃窪（現南相馬市鹿島区）・八木沢・関沢・飯樋・比曾（以上飯舘村）を通り、二本松領に入って山木屋（現川俣町）・上戸沢（以下現二本松市）・白髭を経て小浜に達し、小浜からは大平を経て二本松城下に至るコースと、長屋（現本宮市の内）を経て本宮宿で奥州街道に合流するコースに分かれる。嶮峻ながら、近世以前から浜通りと内陸の川俣や二本松方面を結ぶ生活路として一定の役割を果たしていたと思われる。

相馬藩主が、参勤交代でいつからこの道を使ったかは不詳だが、記録のうえでは貞享二年（一六八五）四月、相馬弾正少弼（昌胤）が下向し、同月晦日本宮南町本陣（原瀬家）に宿泊した記録が早い。このとき本陣では仕出し六〇人分を賄い、荷物継ぎ立てに馬一〇〇疋を動員している。この道を運送された物資は、初期には相馬の海産物が運ばれ、相馬塩の生産が本格化してからは、塩の販路として拓けていったと思われる。江戸後期には相馬港（原釜）に水揚げされる蝦夷地（松前）の海産物、相馬の近海や河川の生魚・干魚類と特産の相馬焼（陶器）や鋳物などの販路となった。やがて相馬港の本格的な整備後は、四国撫養《むや》産の「斎田塩」が陸上げされて中通り地方に販売されるに至り、そのため「塩の道」の別称がついた。

運輸が活発化するにつれ、相馬街道にも荷継ぎ問屋が各駅に設置された。安達郡長屋村には、本宮から二里三丁二八間の原という所に問屋があった。享保二十一年（一七三六）「長屋村大概帳」には「此村原と申所ニ馬継問屋御座候、本宮村・小浜町・白岩村往来馬継ニ御座候、綿・木綿・菜種・塩・たばこ荷物の類通し

白髭宿の現状（二本松市旧東和町）、左側に白髭宿問屋遠藤家の土蔵（『東和町史・通史編』より）

申候」とある。安永六年（一七七七）三月、長屋村問屋藤左衛門と小浜町問屋儀七は連名で、塩問屋開業の願いを提出したが、承認されなかったという。小浜・白髭両駅の問屋は、貞享二年の相馬昌胤の下向以前に設置されていたのは間違いなく、前出「白髭問屋場由来記」の、天和二年（一六八二）より白髭氏本家・別家「両人ニテ問屋職分相勤候ナリ」の記述は信じてよい。二本松から七里半の山木屋も相馬街道の駅場である。山木屋の次の駅の比曽からは相馬領となる。

岩城《いわき》街道は、本宮または郡山から阿武隈川を渡り、磐城平および小名浜港に至る道路で、中世田村氏の勢力伸張の頃から重要な役割を果たしてきたと思われる。元禄期（一六八八～一七〇四）以降には、郡山から大重（郡山市下町）を起点とし、阿武隈川を渡河、阿久津・舞木・山田（以上守山藩領）を経て三春城下に入り、そこから船引・大越・小野新町を経て磐城平に至る、いわゆる「三春通り」と呼ばれたルートと、郡山から日出山（二本松領）・金屋（守山領）・守山を経て、三坂・長沢峠を越えて小名浜に達する、いわゆる「守山通り」と呼ばれたルートができていた。なお本宮から、下舟場で阿武隈川を渡河し、高木村・糠沢村（現本宮市）を経て三春城下に至り、郡山からの「三春通り」に合流するルートも、岩城街道と称していた。岩城街道の輸送が活発になるのは江戸後期に入ってからである。

奥州街道の橋

二本松領内の奥州街道（仙台・松前道）には、南から笹原川・逢瀬川・藤田川・五百川・安達太良川・杉田川など阿武隈川に注ぐ川が街道を横断し、それぞれ苦労して橋が架けられていた。奥州街道の橋は交通が頻繁で、重荷を負った馬の通行もあって破損することが多く、その改築・補修には多大の費用と労力がかかり、すべて領民の負担となっていた。本宮地方の橋梁を中心にみておこう。

享保二十一年（一七三六）「本宮組村々大概帳」には、奥州街道に架かる橋として、本宮村内の本宮橋（安達太良川、土橋長さ一二間、間の橋ともいう）、枝沢橋（枝沢川、土橋五間）、南町観音堂前の橋（土橋四間）、沓《くつ》ケ《が》沢《さわ》橋（土橋四間）と、仁井田村の五百川橋（土橋一六間、高倉橋ともいう）、舟橋（瀬戸川、土橋三間半）が記されている。

五百川橋は、江戸前期までは毎年十月に架橋し、翌年六月には撤去する季節橋であった。したがって橋のない四か月間は、安達郡仁井田村（現本宮市）と安積郡高倉村（現郡山市）の両方から川越し人足を六人ずつ出していたが、藩や幕府の公用役人通行の際は、一度に二十余人も必要となり、さらには毎年十月の橋架け替えでは、本宮組・郡山組の村々に対する人足負担や橋材調達の負担が重かっ

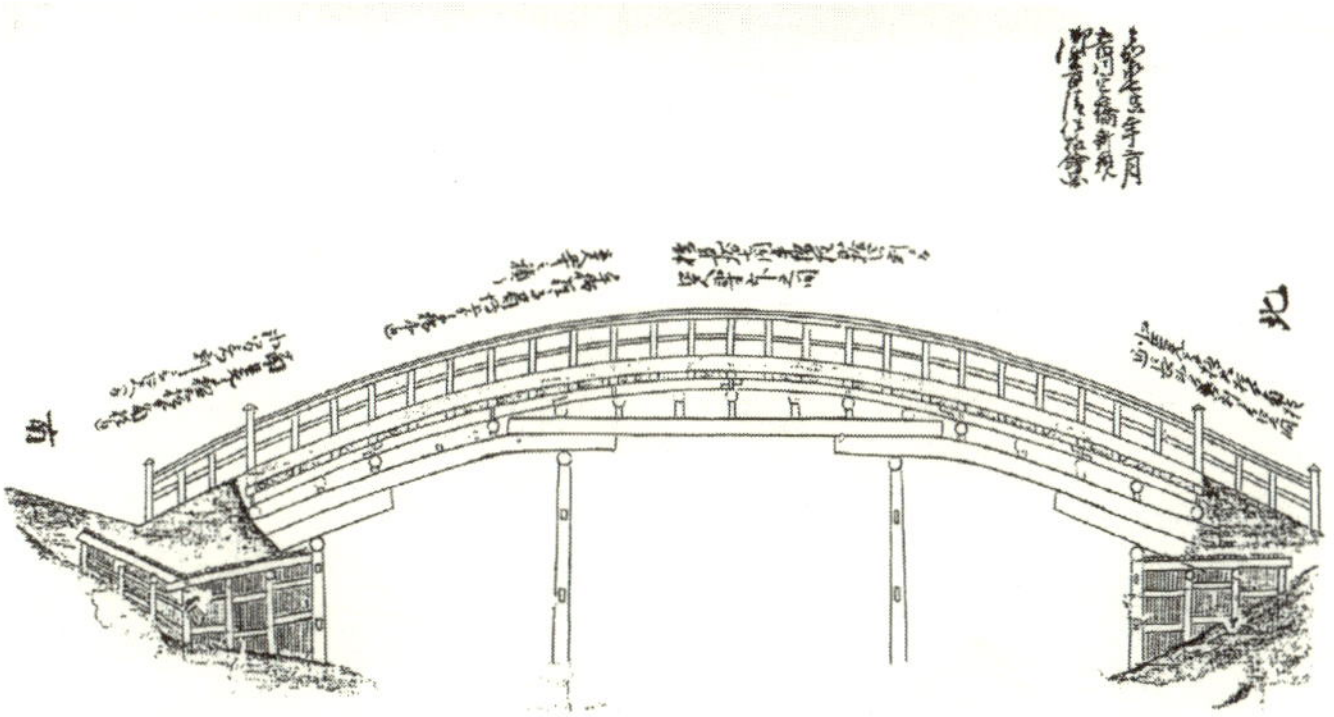

嘉永7年（1854）3月、五百川定橋普請仕様図（高木・日向正直家文書）

たので、本宮・郡山両組から、定橋（常設の永久橋）架設の願いがたびたび出されていた。定橋のないときの五百川の川越し賃は、安永期（一七七二〜八一）ごろの記録（藩通達）では次のように規定されていた。

常日平水★＝荷物一駄の賃銭一五文、人足二人掛かりで付け越す。
中水＝一駄三〇文、人足四人掛かりで背負い越す。
増水＝一駄五〇文、一人二五文、ただし梯子《はしご》越し。

初めて定橋が架けられたのは寛延二年（一七四九）であるが、その後たびたび洪水で大破し、しばらく定橋のない時期もあったらしい。天保四年（一八三三）に新規架替普請の願いが出された。それは文化九年（一八一二）に新規普請した橋を、文政六年（一八二三）に補修したが、十年後にまたも二本の橋脚が大破したための架け替えであった。天保四年九月に工事の許可が下り、本宮・玉井・糠沢・杉田・針道・小浜・渋川・郡山の八組の村々へ、普請人足・材木出し人足、合計七五九二人が割り当てられる大工事であった。ただし本宮・郡山両組以外は、すべて代賃銭で負担している。工事は同年十月三日に古橋を取り壊し、十月二十七日に新橋が完成した。

次の大規模な架け替えは嘉永七年（一八五四）で、普請・材木出し人足は前回を大きく上回る九八四五人が賦課されている。その時の「普請仕様図」には橋の長さ一七間、上幅三間二尺とあり、今までなかった手摺を今回は付けるよう指示

▼常日平水
雨量の多くない通常の河水の状態。

江戸中期、まだ土橋だった間の橋（本宮橋）付近の図（『増補行程記』盛岡市中央公民館蔵）

している。郡代ら藩役人の検分は四月になされ、工事完成は九月末であった。なお江戸時代の五百川橋の位置は、現在の橋（主要地方道須賀川・二本松線）よりも約二〇〇メートル上流にあった。

本宮橋（間の橋）と枝沢橋は、延宝七年（一六七九）の「本宮橋懸定証文写」によれば、両橋とも本宮・糠沢両組のうちから人足を出して普請する規定で、本宮組のうち仁井田・中山・高玉・石筵の四カ村は免除され、本宮両町は本役負担、他は半役、糠沢組のうち和田・高木・糠沢・長屋・白岩の五カ村にも半役負担が課された。慶応三年（一八六七）五月の「間之橋新規掛替普請仕様帳」には、本宮橋は長さ七間、幅三間二尺、板橋手摺付き、惣人足三九四九人（うち本宮両町一二七三人）とある。また枝沢橋普請の総人足は九六八人であった。

阿武隈川の渡し舟

江戸時代の阿武隈川には橋は架けられていない。それだけの架橋技術はなかったのである。この大河を渡河するのは、すべて渡し舟によるものであった。渡し場は各地にあったが、藩内でよく利用された渡し場は、郡山地方では金屋・御代田・阿久津・八丁目市坪《いちのつぼ》の渡し、本宮の下舟場・上舟場、二本松地方の供中《ぐじゅう》・高田の渡しなどであるが、ここでも本宮地方を中心にみておこう。

南安達の阿武隈川の東部（高木村・小浜町・三春方面）と西部の本宮宿とその周辺地域とは、古くから物資や人馬の往来が頻繁に行われていた。この辺の阿武隈川の川幅は六〇間（一〇九メートル）から七〇間（一二七メートル）もあり、架橋は不可能だったから、蒲生時代から渡し舟の利用が盛んであった。本宮は南達地方の物資の集散地・消費地で、六斎市も開かれ、丹羽氏入部以後は糠沢組代官所と蔵場も本宮北町におかれ、糠沢組各村からの年貢米運搬や割人足・寄人馬《よせじんば》（助郷）の動員も含め、公用私用の人馬や物資の往来は、すべて渡し舟に頼らざるをえなかったのである。

天保期（一八三〇～四四）以前の渡し場は二カ所（下舟場と上舟場）で、公的な渡し場は下舟場で、上の舟場は南町創設以後の設置で「自分渡し」であった。下舟場の本宮側の舟着き場は、はじめ北町の荒町裏にあったが、川の増水によりたびたび破損し、高木村など糠沢組村々の負担が大きかったので、寛政三年（一七九一）糠沢組名主一同の願いにより、本宮南町の安達太良川南岸の河口付近に移された。

渡し舟に関する争いは古くからあり、元和三年（一六一七）の本宮村と高木村の争いは、船頭の帰属と舟の保管をめぐる訴訟であった。元禄十三年（一七〇〇）には、舟着き場の構築費用が糠沢組のみの負担だったのを、本宮側にも負担を求める訴えが出された。

江戸時代の高木の下舟場跡（⇧印）。正面の橋は旧昭代橋
（本宮市高木・高田宗彦氏提供）

公的な舟渡し（御用渡し）に従事する正規の船頭のことを「舟越《ふなこし》」と称した。文政三年（一八二〇）十二月、「御用渡し」の高木村下舟場の舟越五人が、名主宛に出した請書では、①御用渡しを務めるという特別の自覚、②乗合の定め、舟賃の定めの遵守、③三人組渡しの下舟場以外の利用の制限、④洪水の際の御用荷物の扱い、⑤殿様が川筋へお成りの際の準備などについて誓約し、今までどおりの役料下付を願っている。船頭（舟越）の役料は、五人で籾五十石、麦五十石（一人各十石）が支給されたが、これは糠沢組各村から徴収されたもので、そこから籾麦六石二斗を差し引き、船頭小屋五軒の維持費にあてていた。舟の大きさは、天保十五年（一八四四）の新造の際の記録では、長さ八間三尺、横三間二尺とある。船の乗合の定員は、安永六年（一七七七）の藩の制札によれば、次のように定めていた。


大船平水乗合＝一〇〇人（ただし重い荷物をもつ者五〇人）以下。馬一〇疋、牛六疋（口取りともに）。

大船洪水乗合＝四〇人（重い荷物をもつ者二〇人）以下。馬・牛は乗せるべからず。

小船平水乗合＝六〇人（重い荷物をもつ者三〇人）以下。馬六疋、牛四疋（口取りともに）。

小船洪水乗合＝一切通行無用のこと。

二本松藩の伝馬制度と寄人馬――諸大名・幕府役人らの通行

寛永十二年（一六三五）、諸大名の参勤交代が制度化されて以後、奥州街道（仙台・松前道）も交通量が増え宿駅の隆盛が促された。宿駅には、大名・幕府役人・宮家・公卿らの休泊施設である本陣と、人や荷物の継送業務を担当する問屋とが設置された。二本松領内の郡山・本宮・二本松・八丁目（現福島市松川町、天保四年から二本松領）の四宿には、本陣のほかに脇本陣もおかれた。

宿駅には公用私用の輸送のため、人足と馬が常備されていた。宝暦七年（一七五七）の藩郡代通達によれば、その定数は多い所で郡山村が八四人・八四疋、本宮村八〇人・八〇疋（南北両町各四〇人・四〇疋）、二本松町九〇人・九〇疋などと定められていた。問屋は公用・私用を問わず旅行者と荷物の継ぎ送り業務の一切を、帳付・馬指などの宿役人を使って取り仕切った。文政七年（一八二四）、郡山村と本宮村はともに宿町への昇格を認められ、名主ほかの村役人は城下町並みの検断・町年寄などの呼称を許された。このときの郡山町の検断は小針弥五右衛門と今泉半之丞、町年寄は永戸庄次郎と増子助次郎、本陣検断は薄井小七郎と今泉久右衛門であった。本宮町の検断は鴫原《しぎはら》大之丞（北）と大内三郎兵衛（南）、町年寄は浦井善五郎（北）と大内藤太夫（南）、本陣検断（問屋兼務）は鴫原与惣左衛門（北）と原瀬与五右衛門（南）であった。

　参勤交代で本宮宿を通行する大名は二五～二六家であったが、その荷物継立てが宿駅常備の人馬（本宮は八〇人・八〇疋）だけで継ぎ送りできたのは、一～二万石程度の小藩一一藩くらいで、その他の中藩・大藩は到底足りず、近郷から動員せねばならなかった。これが助郷（二本松では寄人馬《よせじんば》）である。必要な人馬が宿駅常備も含めて二〇〇人・二〇〇疋以内の場合は、本宮近辺の約一〇カ村からの動員ですんだが（これを「定助郷《じょうすけごう》」という）、それ以上の場合は、本宮組・糠沢組・玉井組の村々へも割り当てた（「大助郷」という）。例えば元禄二年（一六八九）九月の佐竹右京大夫（秋田藩主二十万六千石）下向の際には、本宮両町の常備に加えて本宮両町在郷・本宮組各村・糠沢組各村・玉井組各村・杉田両町へ、合計三六〇疋の馬が割り当てられた。寛政七年（一七九五）五月の南部利敬（盛岡藩主十万石）下向の場合は、最初要請（先触《さきぶれ》）の一八〇人・三〇〇疋では足りず、実際には合計二五六人・三四五疋が、本宮両町のほか、本宮組・糠沢組・玉井組各村と杉田両町から動員された。荷物の運送は早朝から始まるので、宿駅から遠い村では前日の夕方から宿駅に待機せねばならず、また参勤交代が春・秋の農繁期に集中することもあって、農民にとって大きな負担となったのである。

　幕府領代官その他の公用役人らの通行・休泊も頻繁であった。特に幕府領年貢金の輸送、「松前御鷹」（将軍に献上される）や「御馬買衆」（将軍御用の馬を奥

旧北町本陣鴫原家（字大町）、昭和20年代前半撮影
（『図説本宮の歴史』より転載）

州から調達する）の休泊などの際には、本陣・問屋をはじめ宿役人の心労は大変なものであった。例えば貞享四年（一六八七）十月二十七日、御馬買衆が南部駒二〇疋をつれて江戸へ登る途中、本宮南町で昼休みした際、馬宿の扱いが悪かったこと、役人の接待に飯盛女を出したことで叱責され、当時、名主・本陣・問屋役を兼務していた原瀬与五右衛門は、その後一カ月の閉門という処分を受けている。

　旅行者が宿駅の人馬（助郷も含む）を利用するときの運賃については、幕府の「御定め駄賃」（公定運賃）があり、正徳二年（一七一二）の高札では、本宮から杉田への区間（一里一二町＝約五・二キロメートル）で、本馬（四〇貫目＝約一五〇キログラムまで荷物をつける）が五六文、軽尻《からしり》（人間一人と荷物五貫目）が三六文、人足（五貫目まで）が二八文であった。それが文化元年（一八〇四）の改定では同じく杉田までの区間で、本馬六二文、軽尻四〇文、人足三一文となる。将軍の朱印状や幕府老中・所司代・町奉行などの証文、道中奉行の触書を持参する者は無賃で利用できたが、それ以外の公用旅行者や諸大名は公定運賃を支払った。一般の旅行者や商人荷物も問屋を通じて人馬を雇うが、その場合は公定の二倍ほどになったという。

本宮南町本陣旧蔵の大名関札
「秋田侍従」（佐竹＝右）と「盛岡少将」（南部）
（本宮市歴史民俗資料館蔵）

これも二本松

江戸奉公「御口之者」伝内の悲劇

文化十四年（一八一七）の暮れ、安達郡稲沢村（現本宮市）に対し、藩の江戸屋敷で奉公する「御口之者《くちのもの》」（馬の口取《くちとり》）を至急一人出すよう指令があった。村としては予定外の宛出人《あてでにん》だったので、その選定に困惑したが、稲沢村の名主橋本重左衛門は、二本松若宮町の口入屋《くちいれや》渡辺又四郎に人探しを依頼した。又四郎は、玉井村(現大玉村)出身で若宮町在住の勘右衛門なる人物を紹介し、稲沢村名主も了承し、又四郎を請人(保証人)として勘右衛門を雇うこととした。

江戸屋敷「御口之者」の奉公期間は二月二日から翌年二月二日までの一年間だったから、雇われた勘右衛門は一月下旬には出発しなければならないが、村では勘右衛門の請求する金額をなかなか集められず、出発したのは二月に入ってかららしい。村では村内各組に「合力金《ごうりききん》」を割り当てて金銭を集め、支度金、旅費、給金の前払い、当面の生活費、中間部屋への挨拶金まで含めて、合計一三両二分を勘右衛門へ渡した。

ところが江戸へ向けて出発したはずの勘右衛門は、途中で金をもったまま逃亡してしまったのである。文化十五年二月十八日のことである。村では八方手をつくして行方を探索したがみつからず、もちろん金も戻らなかった。

村が雇った宛出人は逃亡してしまったが、このままですむはずはなく、二月二十九日、藩の割奉行・郡奉行から糠沢組代官三浦文左衛門を通じ、至急代わりの者を選んで出すよう通達が届いた。今さら村内には江戸奉公に出る希望者がいるはずはなく、やむをえず村入札で選ぶことになり、その結果、梅ヶ久保の伝右衛門の聟伝内が最高の九点で選ばれた。

三月六日、伝内は名主同道で二本松会所に赴き、翌日割奉行面接のうえ、正式に代人と決定されたのである。伝内は当時三十歳、十三石六斗余の田畑を耕作する中堅の高持百姓で、筆も立ち人柄もよく「御口之者」として申し分なしと評価されたのである。

しかし伝内は一家の大黒柱で、残された家族は病身・老幼女子のみで、持ち高の維持すら困難であった。

名主の重左衛門は、村内および糠沢組各村へ協力を願い、村内からの与内金一両二分、各村からの「合力金」四両一分、これに逃亡した勘右衛門の請人又四郎からの取立金二両一分を加え、合計八両だけが江戸へ出発する伝内に渡されたのである。五月下旬頃のことである。

先に逃亡者勘右衛門に渡した一三両二分でも必要最小限の金額であったのだから、伝内の江戸での生活は苦しいものになることが当然予想された。

江戸へ着いた伝内は、小まめに名主重左衛門宛に手紙（島屋便）を出している。最初の手紙は六月十四日付で、時候の挨拶、江戸登りの際世話になったことへのお礼、無事御用勤めを果たしていることなどが書かれている。だが、次の晦日付ではまったく暇のない勤めのつらさを述べ、持参したお金を使い切ってしまって困っているので、至急合力金一両二分を送金してほしいと願っている。七月二十二日付では、送金された金三分へのお礼が書かれているので、村では前便で請求された一両二分の半分しか送金できなかったことがわかる。

　八月二十日付の島屋便には、先月二十八日から病気となり、藩役人の世話で医者にかかり、八月十八日頃からようやく快方に向かったこと、しかし医者への薬料も払えず困っているので、何度も恐縮であるが金二両を急便で送ってほしいと願っている。さらに江戸屋敷の奉公が、来年（文政二年）にも延長されるようなので、私は今回限りで暇をもらえるよう国元からも願書を出してほしいと記している。

　九月二十二日付では、先日から勤めを再開したことを述べ、仲間たちが来年も継続して奉公するよう命じられたが、自分は一年限りで暇をもらえるよう嘆願してほしいこと、先便でお願いした金二両がまだ届いていないので至急送金してほしいと訴えている。

　十月五日付の手紙は、生きている伝内からの最後の手紙となった。病が再発し、仲間の世話で何とかすごしているが、着物は全部質入れして着る物もなく、一文の所持金もなく、医者への払いも滞り困り果てているので、至急三両の送金を願うと記している。同時に「御口部屋」目付の甚助からも、伝内の窮状を知らせる書翰が名主重左衛門に届いている。

　村では、藩の小頭《こがしら》からの指示もあり、病気の伝内の看病と帰省途上の介護のため、親類の者を江戸へ派遣すること、伝内へ渡す金の工面をすることを決め、十月二十四日、親類の治作と市郎右衛門が、伝内へ渡す金三両三分二朱余と、伝内の仲間へのお礼金と自分らの旅費で合計四両二朱余をもって出発し、十一月二日に江戸屋敷へ到着した。

　しかし伝内は、迎えの治作らが国元を出立したその日、十月二十四日、故郷からの援助を待ちわびつつ帰らぬ人となっていたのである。

中間・小者のうち、馬の口取「人物十八描図」
（『図録近世武士生活史入門辞典』柏書房より）

（以上は、山崎清敏『本宮地域史の研究』所収論文「二本松藩の宛出人」による）

第二章 諸産業の展開

奥州街道の宿場が栄え、農村では生産力向上の努力が続く。

1 二本松藩領の稲作・畑作・畜産

たび重なる災害、凶作にもかかわらず、農民の生産力向上の努力が積み重ねられた。品種改良、道具の発明・普及など農業技術の発達は他地方に劣らない。馬は、藩側にも農民側にとっても重要であった。

稲作農業の改良

稲作について二本松藩は、一反歩当たりの玄米収穫量の規準を、古検の村では上田一石四斗から下田一石五升までの三段階、新検の村では上々田一石五斗五升から下々田九斗五升までの五段階に定め、これをもとに年貢を賦課していた。少なくとも江戸中期以降の西安達地方（阿武隈川以西）では、凶作の年でなければ、この規準を平均して二～三割は上回る収穫があったと思われる。かの天明の大飢饉の折、阿武隈山地の村々（東安達）では相当数の餓死者が出たが、西安達の村ではほとんど出なかったといわれる。冷害をまったく受けなかったわけではなく、何とか食糧を確保する方策が立てられたということであろう。

文政十一年（一八二八）二本松藩「村々産業大積覚書帳」から、本宮組村々の

安達郡農具略図

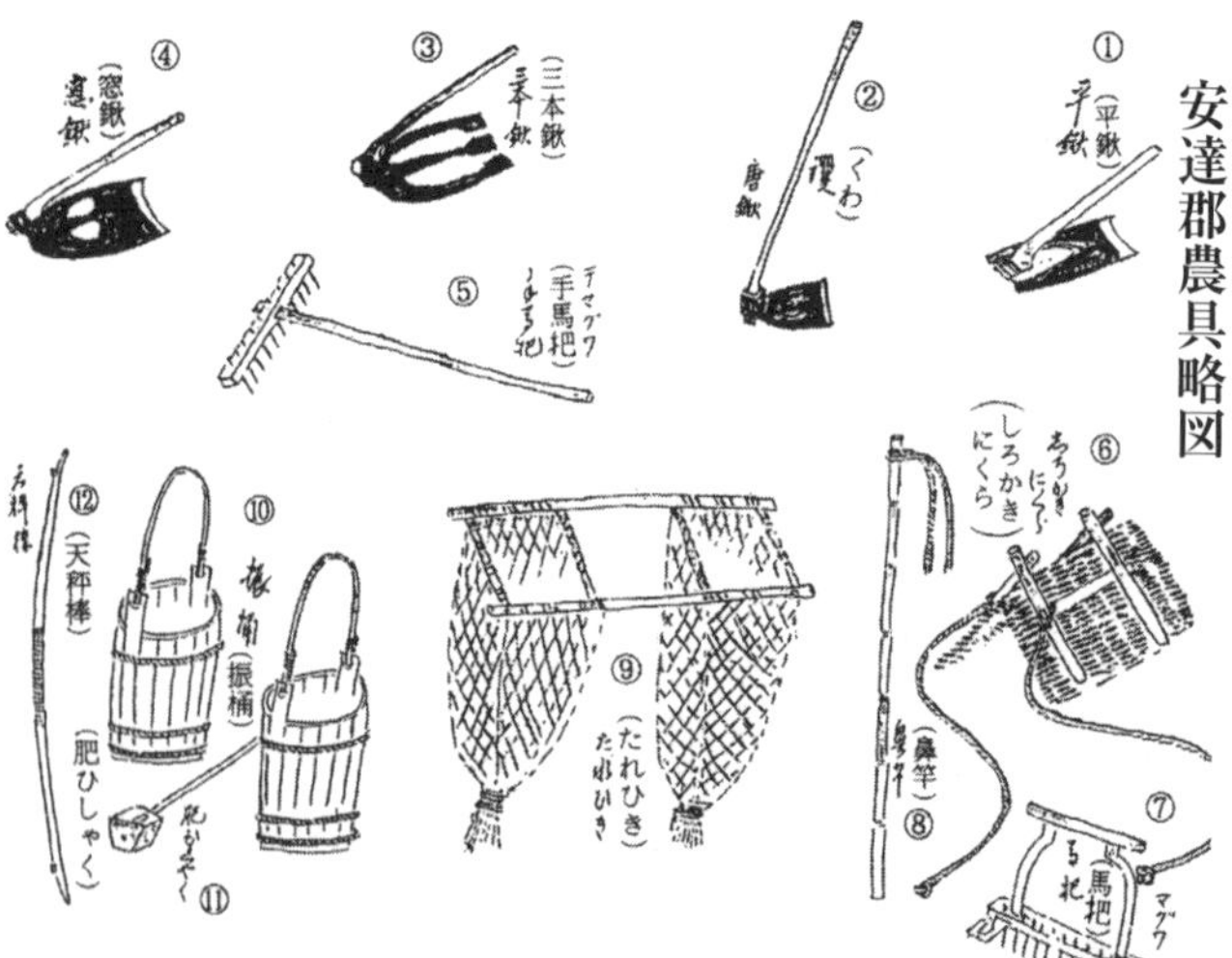

「耕運・施肥用」

米売り払いの例をみると、本宮在郷・荒井・仁井田・青田・羽瀬石《はぜいし》・下樋《さげひ》の各村では、本百姓一軒当たり平均八駄～十駄の米を販売している（一駄は二俵）。この販売代金から年貢金方・高掛金・与内金・村入用などを納めたとしても、少しは余裕が残ったとみてよかろうか。

　農業経営・技術の改良についても、上層農民の間では相当に研究が進められ、佐瀬与次右衛門の『会津農書』（一六八四年刊）や宮崎安貞の『農業全書』（一六九六年刊）などは、当地方でもかなり普及していたと思われる。寛政元年（一七八九）城下若宮町の熊田平兵衛は、『農業全書』一四九部を購入し、農村復興と技術改良の一助とすべく領内全村に配布したという。また、名主などを務める上層農家が農事改良に努力した記録は、各地に残っている。安積郡富岡村（現郡山市三穂田町）の増子家に残る天保期の「稼穡《かよく》大概」や「農家作得記」、安達郡椚山村（現大玉村）添田家の「天保六年農業手引草」や「安政六年田畑仕付取揚高覚帳」などは、その代表例といえよう。

　収穫増や冷害対策のために稲の品種改良も進んだ。享保二十年（一七三五）安達郡西新殿《にしにいどの》村（現二本松市）名主安斎八郎左衛門が記した「穀物草木ほか品々書上帳」には、当時栽培されていた稲の品種として、①早稲＝沢田わせ・とかわわせ・はひろ（羽広）・四十日わせ・すゝめしらず（雀不知）、②中稲＝八ゑむ（八右衛門か）・しなの・ゑちご・南白志・ほそば（細葉）、③晩稲＝白かゑり・あか

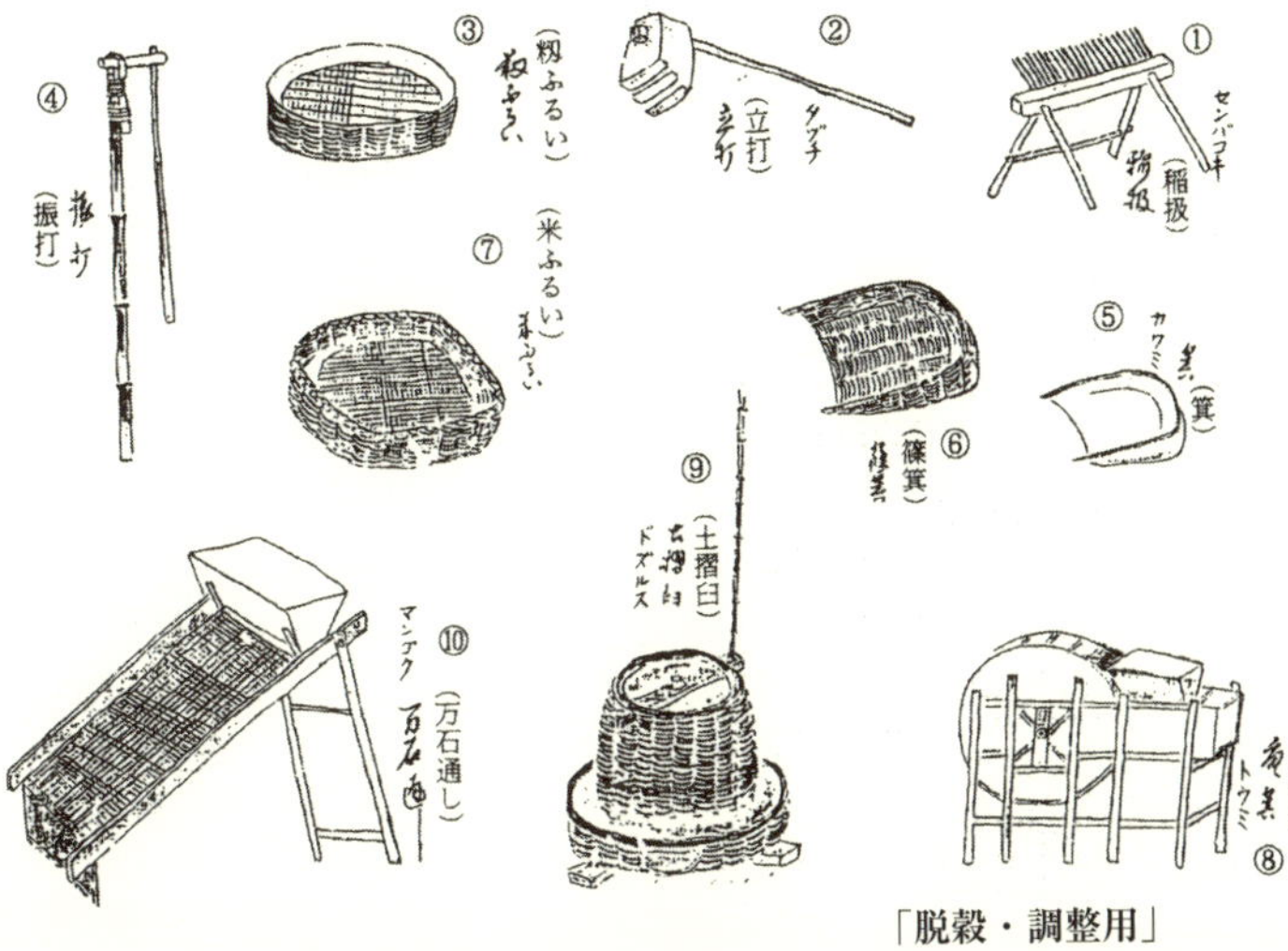

「脱穀・調整用」
仁井田村戸長　遠藤源四郎画
（福島県立図書館蔵「明治五年福島県管内郡村農具之図」より）

かゑり・ほっこく（北国）・ぢゃうこく（上穀）・よてろく（小女房）、④糯類＝つばくら餅・ほっこくもち・くらふたぎ・くろ餅・ゑっちゅう・こちょう餅・すく餅など、数多い品種が記されている。また江戸後期の二本松藩「稲草之覚」には、①早稲＝コワセ・コウハシ（香または薫）・羽広、②中稲＝ホソバ（細葉）・八右衛門・ツカル（津軽）、③晩稲＝上穀・ホッコク（北国）・毛上コク・ふべしかえし・赤ふりの一一種をあげている。晩稲種は収量は多いが冷害に弱いため、藩は安永七年（一七七八）盛んに作られていた「上穀」の作付けを禁じたが、徹底はしなかったという。天明の大飢饉のあと藩政改革を行った成田頼綏《よりやす》は、凶作の危険を分散させるため、平坦部の村々には早稲三割、中稲四割、晩稲三割の割合で作付けすること、山間部ではもっぱら中稲種を作るよう指示し、特に「軽《かる》子《ご》」を奨励した。

効率的な農具の普及も比較的早かった。二本松藩でも、千歯《せんば》扱《こ》き・馬鍬《まぐわ》・唐箕《とうみ》・万石通《まんごくどお》しなどは元禄期（十七世紀末）には使われ始め、享保期（一七一六〜三六）には土《ど》摺臼《ずるす》・備中鍬（三本鍬）なども普及した。前頁下段に示した農具は、江戸中期から明治前期まで当地方で広く使用されていたものである。

畑作農業と商品作物

畑作に関する工夫・研究も早くから行われ、二本松藩内でも篤農家といわれる人々が多くの記録を残している。安達郡西新殿村（現二本松市）の名主安斎八郎左衛門が、享保二十年（一七三五）六月藩に報告した「穀物草木ほか品々書上帳」には、下表のような多種多様な作物類が記されている。

また安積郡八幡村（現郡山市三穂田町）の名主大原康良が書き残した享保十一～十二年（一七二六～二七）の「夏作仕付播指図留」にも、主要な作物として前記西新殿村とほぼ同じものが記され（冬作物と木類は不記。煙草・芥子などあり）、それぞれについて仕付け・播種などの解説を付している。

このように多種多様の作物を栽培したのは、さまざまな自然条件に適応し、たび重なる凶作・災害の危険を分散させるための知恵と工夫であろう。中には自給用のみでなく、商品作物として作られていたらしいものも含まれている。

二本松藩の年貢作物であった大豆・油荏《あぶらえ》（ジュウネン）や煙草・桑などに対する統制は厳しかったが、そのほかへの制限は比較的ゆるやかだった。時代が下るにつれ、藩でも商品価値の高い作物を特産物として奨励するようになる。寛政期の改革（成田頼綏《よりやす》）以来、上川崎村（現二本松市）の紙（楮）、平石村（同前）の畳表、大平村（同前）の串柿などを重視し、その原料作物の栽培を奨励している。

煙草の栽培は初期には禁じられたが、幕法でも寛永十九年（一六四二）には本

安達郡西新殿村の作物類（1735年）

- **穀物類の内**＝あわ（6品種）・ひゑ（3種）・小麦（5種）・大麦（5種）・そば（3種）・大豆（10種、葉も食す）・小豆（7種、葉も食す）・ささげ（6種）・もろこし（2種）・ごま（白・黒）・あぶらえ（白・黒）
- **菜の類**＝かぶな・ふゆな・夏な（ほか3種）・けしのは（カラシナか）・大こん（3種）
- **瓜の類**（果樹を含む）＝しろうり・つけうり・きうり・ゆうがお・甘柿（4種）・しぶ柿（サイネンジなど9種）・なし（5種）・栗（3種）・もも（6種）・くるみ（2種）・いちご（4種）・グミ（3種）
- **木類**＝さんしゅう（山椒＝4種、実・葉ともに食す）・くわの木（4種）
- **草類**（畑の物）＝にんにく・ねぎ・にんじん・にら・もてぎ・あさつき・わけぎ・野びる・山いも・はたいも・つついも・ところ・なすび・たうがらし・つぶからし・しやうぶ・ゆり・ちばゆり

畑へは禁ずるが新畑へは認められ、元禄十六年（一七〇三）には本畑への栽培も容認される。二本松藩領の阿武隈山地の村では早くから煙草栽培が盛んであった。安達郡上太田村（現二本松市）土屋家の寛永十六年の記録に、尾張国の商人星崎九兵衛が葉煙草荷一七二駄（一駄は三六貫）を買い集めたと記されている。また「稲沢村年代記」（現本宮市）の寛文八年（一六六八）条に「莨子《たばこ》高値有り、壱分に弐拾五把、束莨子は十九把迄売申候」とあり、その後も煙草の作柄や売り値に関する記事が頻出する。文政十一年（一八二八）の二本松藩「村々産業大積覚書帳」には、針道《はりみち》組の田沢村（現二本松市）では年間の煙草売上げ代金一〇〇〜二〇〇両、茂原・百目木・東新殿の三カ村（同前）でも各三〇両前後の稼ぎと記し、糠沢組の白岩村（現本宮市）では年間約三五〇両、稲沢村・松沢村（同前）でも各二〇〇両前後の収入と記している。

養蚕も当地方の重要産業となる。二本松藩は初代藩主丹羽光重が岩角山（現本宮市和田）に養蚕観音を建立するなど、熱心に奨励したが、桑の栽培は自由ではなく、本畑以外の山の斜面、川沿いの土手、屋敷まわりなどの「立通《たてどお》し」（樹木として葉だけを利用）だけを認めていた。しかし享保期（十八世紀初期）頃からこの制限は事実上撤廃される。前出の文政十一年「村々産業大積覚書帳」によれば、小浜組一二カ村のうち六か村では全畑面積の二〇〜五〇%を桑畑が占めており、本宮組一三カ村中八か村で一五〜三〇%、糠沢組全村（八カ村）で一五〜三

丹羽光重が建立させた岩角山の養蚕観音

五%、郡山組一四カ村中一一カ村で二〇~三五%、大槻組一七カ村中一〇カ村で二〇~三〇%を占めていると記している。幕末には繭の生産・販売だけでなく、生糸・蚕種の生産も盛んとなる。

二本松藩の馬産ほか

二本松藩は、幕府の軍役および宿駅交通政策のうえからも馬産の振興と統制に力を入れたが、農民にとっても、耕作・運搬の手段、また堆厩《たいきゅう》肥の生産や駄賃稼ぎのために馬の飼育は大切な仕事であった。藩内の馬産は、定員二名の駒奉行が統轄し、その補助として各地区に駒付《こまつけ》と称する世話人兼取締役を任命していた。藩の「馬改《うまあらた》め」(統制・指導)は「有識至要《ゆうそくしよう》・駒奉行」(『二本松市史 4』)によれば、次のような順序で行われていた。

①毎年十月中、領内総駄馬改め(各村名主一手合《てあい》ごと)。翌年二月、各村の胎《はらみ》駄馬《だば》・買馬・父駒《てでごま》(藩が貸し付ける種馬)改め。

②六月、出生駒・二歳馬毛付《けつき》改め(毛色および身体検査)、ならびに当歳駄・買駄、その他の胎駄馬の改め。

③八月中旬、二本松近辺の抜駒《ぬきごま》吟味(家中の乗馬となる駒の抽出検査)を城下の馬場で実施。同下旬、在々の抜駒吟味は、針道・小浜・本宮・日和田

・郡山の五カ所に運ばせて実施。

④十月下旬から城下へ運駒《はこびごま》を命じ、運場帳《はこびば》を作成。併せて預かり父駒も吟味。

⑤駒代金は、運場帳をもとに代官から各村へ下付。駒役金取り立ては、家中入りの分は黒川嘉兵衛・奥野作左衛門へ帳面渡しおき、町・在の分は町奉行・各代官へ帳面渡しおき取り立てる。

このように藩は領内のすべての飼育馬について徹底して調査・管理を行った。預かり父駒とは、藩が南部（岩手県）などの良質の種馬を購入し、各村へ預けて仔馬をとらせ、育てた良馬を買いとる制度で、ほかにも雌馬購入資金を貸し付けるなど種々の奨励策を講じている。なお一般に駒とは乗用馬のこと、駄馬とは荷物運搬用の馬のことをいうが、二本松藩では雄馬を駒、雌馬を駄馬と称する場合もあったという。

幕府は二本松藩の馬産にかなり関心があったらしい。「丹羽秀延年譜附録」によれば、享保四年（一七一九）七月、老中戸田山城守の命により、藩は領内産の駄馬二〇疋を買い上げて下総国小金まで送り届け（八月）、十月にその代金七八両二分を受領しており、また享保十一年八月には、老中松平左近将監から献上駒の件にからみ、領内の乗用馬生産状況を問われ、藩では一年に五〇〇疋ほどの駒が生まれるが無事に育つのは少なく、二歳駒改めで八〇～九〇疋を選び、さらに三歳以後乗用として使えるのは四〇～五〇疋にすぎないと報告している。

各村が育てた馬は、駒奉行・駒付の管理下で糶《せり》にかけられ、代金は代官所から下付された。安達郡苗代田村（現本宮市岩根）の例では、元文三年（一七三八）の糶に二疋が出され、十一月に糶駒金二両と九〇〇文が下付され、同五年には五疋が出され、六両一分と一貫五〇〇文が支払われた。これらは当歳馬と思われるが、一疋平均の値段は一両強となる。糶場に出された馬の中で優秀な駒は、藩が選抜して買い上げ家中乗用馬として備え、その他は再生産用として農家に預けられる。乗用馬の買い上げ値段は、天保十五年（一八四四）十月の二回の糶に安達郡青田村（現本宮市）から出された四疋の例では、一疋平均五両二分余であった。

最後に幕末期の二本松藩全域の状況をみるために、安政四年（一八五七）「本宮宿駒付控帳」により下表を作成した。

馬以外の畜産は振るわなかった。牛の飼育は二本松藩全体でも、文政十二年で三七疋にすぎなかったという。その他の畜産は養鶏以外はほとんどなかったといってよい。

二本松藩内各組の馬数調べ（安政４年８月）

郡	組	総駄馬	預父駒	御貸駄	自分持駒	馬数合計
信夫	八丁組	匹 51	匹 1	匹 –	匹 –	匹 52
安達	渋川組	127	19	2	110	258
	針道組	481	48	54	5	588
	小浜組	180	26	15	32	253
	杉田組	135	11	–	–	146
	玉井組	427	4	1	–	432
	本宮組	588	11	37	7	643
	糠沢組	311	46	47	–	404
安積	郡山組	771	7	1	–	779
	片平組	541	23	72	–	636
	大槻組	883	26	25	–	934
合計		4,495	222	254	154	5,125

安政４年８月「御領分中名主面附帳・本宮宿駒付控」より〔『本宮町史 5』。合計は筆者集計。大槻組のうち、５村は天保４年(1833) ２月に幕府領となり、代わりに八丁目組が加わった〕

②山林原野・用水と農民生活

山野と水の確保は農民の死活問題であった。

それだけに入会地や灌漑用水をめぐる争いは深刻だった。

水のない所は莫大な費用と労力をかけて用水堰を造った。今も重要な役割を果たしている。

二本松藩の林野制度

農民にとって山林原野は、建築や諸道具の用材、田畑の苅敷、堆厩肥用の草、家畜の飼料、照明用の根松などを採取する場所で、日常生活のうえで必要不可欠のものであった。

丹羽二本松藩は入部当初から林野制の整備に力を入れ、慶安二年（一六四九）には山奉行を任命しており、寛文元年（一六六一）閏八月には「林野制十箇条」を布達して、官林（御立林・御立山）・民有林を問わず、その伐採・売買・保全・植林などについて厳しく規制し、管理のために山奉行のもとに八名の山同心を配置し、各村には一～二名の山守をおかせて保護にあたらせた。寛文元年の布達の概要は次頁下段のとおりである。

御立林（藩有林）があった苗代田村（現本宮市岩根）の辰巳沢（矢印）（本宮市岩根・小屋舘山北麓より）

領内の林野は、御立林（「藩木民地《はんぼくみんち》」の森林）と村持山に大別される。村持山には一村共有と個人所有とがあり、個人所有の中に御年貢地林（田畑が荒地となり、さらに林となったもの）や居久根が含まれる。藩有・村持ちを問わず、立木の伐採は山奉行の許可なしにはできず、特に前記の寛文の布達③にある「御用木」は厳しく禁止された。御用木としては、はじめ杉・檜・桐・樫を指定し、これを四種御用木と称して重視したが、貞享五年（一六八八）の通達で、改めて槻・桐・杉・檜・槐《えんじゅ》・椚《くぬぎ》・椴《たん》（とどまつ）・榧《かや》・栗・漆・柳・桜・朴《ほう》・栂《つが》・楸《ひさぎ》（あかめがしわ）・榎の一六種を指定した。四種御用木は、特別の事情があって民有地からの伐採を許可された場合でも、半分は藩に上納せねばならなかった。樹齢を重ねた大木や珍しい種類の木は藩の帳簿に記載され、伐採は禁じられた。

時代が下るにつれて用材資源は次第に枯渇し、藩としても何度か林制改革や森林造成に取り組んだが、あまり効果はなかった。

山野入会と入会争論

農民にとって山林原野は灌漑用水とともに必要不可欠のものであった。だから山野の少ない村では、近くの村の山野に入らせてもらうか（入会《いりあい》）、一部を借りるか（借野《かりの》）せねばならなかった。西安達の本宮組村々の例でみると、本宮・仁

①御立山（藩有林）には立て札を立て、出入りを禁ずる。下草刈りは近辺の村に許可する。
②御立山の木を盗伐する者は、過料（罰金）または刑罰に処する。
③寺社林や百姓居久根（屋敷周りの林）でも、御用木（後述）の伐採は禁止。家や田畑の妨げとなる木や枝葉は山同心の調査のうえで下付する。
④立て札なしの山林・居久根の木は持ち主につかわすが、これの盗伐は山奉行・代官に断わり過料を申し付ける。
⑤入会・苅敷の山野の利用は先規（蒲生・加藤時代）の通り。
⑥堰・川除・橋普請の用材は各代官の管内で伐らせ、管内に適材がなければ山奉行と相談のうえ、他所から調達させる。
⑦村のためになる新林造成は、代官・山奉行相談のうえで仕立てさせる。
⑧竹藪も盗伐に留意し、新藪造成に努めよ。
⑨材木・薪などを他領へ販売することを禁ずる。
⑩山同心に対する贈物、「馳走」を禁ずる。

井田・荒井・関下・下樋の各村（以上現本宮市）は、採木・採草の山野がほとんどなく、本宮は青田村（同前）・上大江村（現大玉村）の山へ、仁井田は玉井村（現大玉村）。青田村・苗代田村（現本宮市）・高倉村（現郡山市）の山へ、関下は苗代田村・青田村・玉井村および高倉村・前田沢村・青木葉村（以上現郡山市）の山へ、下樋は羽瀬石村（現本宮市）・青木葉村の山へ、それぞれ入会させてもらっていた。

　入会山へ入るためには、山手役銭・野手役銭と称する小物成《こものなり》（雑税）を上納し、藩の発行する山札を持参せねばならなかった。ちなみに享保二十一年（一七三六）の「本宮組村々大概帳」によれば、各村が前年に納めた山手役銭・野手役銭は、本宮村で八両と一貫五〇〇文、仁井田村で一〇貫六二一文、荒井村で九貫九二〇文、関下村で六貫文、下樋村で三貫文となっている。

　山持ちの村と入会させてもらう村との間では（時には入会う村同士でも）、入会権をめぐってしばしば争いが起こった。多くは入会う場所・境界、採草採木の期日・種類をめぐる争いで、せっかく刈り取った柴・草や鎌・なたなどの道具を没収される事件がたびたびあった。入会権は古くからの慣行によるものが多く、明確な証拠書類も少なかったので、代官所も調停にあたる月番名主らも、その裁定には苦労しており、また時代が下るにつれて耕地の拡大や農法の変化・進歩により、入会地の範囲、採取する柴・草の量も変わらざるをえず、争いは次第に長

仁井田村から、玉井村・苗代田村の入会山へ入る山札。「馬」とあるのは刈った柴・草を馬に背負わせて運ぶ許可証
（二本松市・遠藤精吾氏蔵）

期化し複雑化していった。

争論は藩内各地で見られるが、安達太良山麓の入会権をめぐる玉井村と周辺の村々との紛争は、特に多かったようである。元禄期以後の主な紛争を拾いだしてみよう。

元禄元年（一六八八）、玉井村と大江村との西山をめぐる紛争。

宝永年間（十八世紀初め）、玉井村と青田村の入会境界争論。

享保九（一七二四）～十年、玉井村と青木葉村・苗代田村の山境紛争。

明和五（一七六八）～六年、玉井村・苗代田村の入会鎌留★紛争。

天明六年（一七八六）、玉井村と荒井・関下両村の鎌留紛争。

文久三年（一八六三）、玉井村・苗代田村より荒井村借野の出入り紛争。

その他、安積郡でも古くから入会争論がみられる。入会野や秣場などの境界をめぐって、沖積平野にあって山野の少ない荒井村（現郡山市安積町）がからんだ紛争が多かったようである。

▼鎌留
入会山で刈った草を没収し、鎌を取り上げる。

城下町と宿駅の用水

丹羽光重は二本松に入部してすぐ、二本松城の拡張、郭内と城下町の整備にとりかかったが、同時に城内外の生活用水の確保にも意を用いたのはもちろんである。二本松城の水道は、山岡権左衛門（藩士）が献案し、当時著名な算学者として丹羽家に仕えていた磯村吉徳（文蔵）の測量・設計により、万治年間（一六五八～六一）に工事が進められ、長さ二里（約八キロメートル）に及んだという。この水道は二合田用水と呼ばれるが、安達太良山東麓の岳下地区から引水し、二合田水門で分水され、その水路は寛文（一六六一～七三）頃の城下絵図にみられるように、観音丘陵内の武家屋敷地に一本、同丘陵東・南側の町方に一本、塩沢畷《なわて》から竹田口に一本と分かれる。ちなみに城下の全水道が完成するのはもっと後になり、最終的には寛政五年（一七九三）のことであった。

　二合田用水は二本松城内外の生活用水としてだけでなく、各地に引水されて灌漑用水としても利用されるようになる。『二本松城沿革誌』には「(二合田用水は）当城防衛上ノ生命線デアリ、又地方数箇村ノ灌漑用水トモナリ、各種産業上・工業上・火防上・衛生上並ニ風致上ニモ至重至大ノ関係ヲ有ス」と記されている。油井村・塩沢村の新田開発は、二合田用水にかかわると思われる。

　近世の多くの宿駅では、道路の中央に中堀と呼ぶ用水路が設けられ、生活用水・伝馬の飲水などに重要な役割を果たしている。二本松の城下六町にも中堀があり、「天明元年六町并杉田組概要」によれば、若宮・松岡・本町・亀谷の四町の中堀は「上成田村滝沢より引水」とあるので、基本的には二合田用水に頼っていたと考えられる。竹田町・根崎町（三森町も含む）については「先年より御家中

二合田用水水尻（二本松市・霞ヶ城公園内）
（本宮市・若林伸亮氏提供）

より水かかり候所、近年水通ゼス」と水流がストップしていることを記している。

　本宮宿の中堀は、南町では慶長十三年（一六〇八）町創設の際、上町の上江堰《うわえせき》から引水して造られ、北町では寛文二年（一六六二）街道に中堀を造成する許可をえて、枝沢川の水を引いて造られたという。南町の中堀は、上町・中條の境から下町まで通水し、間の川（安達太良川）に落とした。北町の中堀は大《だい》町坂下から南へ流し、横町（仲町と荒町の間）を東に折れ、横町の半ばで南へ流し、間の川へ落としていた。本宮宿の中堀は明治十七年（一八八四）、国道改修工事の一環として埋め立てられた。道路の東端に新堀を造り、中堀を撤去したのである。

　また二本柳宿（現二本松市渋川）は、明治三十二年の大火で大半を焼失したが、再建した後も旧宿場町の面影を残していた。中堀も残り、昭和四十年代まで生活用水として使われていたが、最終的には昭和五十一年に埋め立てられ、道路両側の側溝に変わった。

灌漑用水の開発——岩色用水と諸子沢堰

　灌漑用水の確保の可否は、農民にとっては死活問題で、そのために池・堰および用水路の造成・改修と水の配分には、重大な関心をはらわざるをえなかった。

　領主側も年貢・諸税確保の面から、用水の確保・安定のためにさまざまな対策を

昭和30年代の二本柳宿（二本松市渋川）。写真に見える中堀は昭和48年（1973）まで使われていた（『図説福島県の歴史』より）

講じる必要があった。具体的な用水開発とその改良の実情を、本宮地方の二つの例をあげてみていこう。江戸時代の本宮地方で重要な役割を果たしてきた用水堰を、水系別にみると次のとおりである。


〔五百川水系〕岩色《いわいろ》用水・日影沢用水・諸子沢《もろこざわ》堰・白岩堰など。

〔安達太良川水系〕上江《うわえ》堰・下江《したえ》堰・欠下堰・がく石堰など。

〔百日川・杉田川水系〕鳴俣《なるまた》堰・がく沢堰・五所宮堰・大堰など。

〔阿武隈川水系〕高木用水（未完成）。

〔溜池〕河川の利用が困難な耕地の多い村（青田村・本宮村・高木村・苗代田村など）に多い。


五百川から取水する岩色用水は、畠山氏の末裔石川秀富《ひでとみ》が永禄年間（一五五八～七〇）に、二本松城主畠山義国から五百川北岸の荒地（石川原）の開発を命じられ、苗代田村岩色の「下モ之瀬《しものせ》」に堰を築き、そこから神座まで一・七キロメートルの堀を造成したことに始まる。この用水により開発された石川原は永禄八年には関下村となり、文禄三年（一五九四）の「蒲生領高目録帳」では、村高五四一石五斗余の村となっていた。

その後石川秀富の子孫たち（関下姓、のち国分姓）によって水路は神座から東北東に延長され、幹線水路は元和九年（一六二三）までには仁井田村峅台《ぎゃくだい》まで延び、長さ五七町二〇間（六・二六キロメートル）に及び、枝水路も各地に開削された。さらに寛文年間（一六六一～七三）には堰場を二町（二一八メートル）ほど上流の「上ミ之瀬《かみのせ》」に移し、下流への通水路として、岩山に長さ一町二四間（一五三メートル）のトンネルを掘削する難工事を完成させた。この用水による開発高（水掛かり高）は、苗代田村・関下村・荒井村・三本松新田・沢田新田・仁井田村・青田村の内に広がり、貞享四年（一六八七）六月時点で、総高二五七一石余となっていた。

ただし岩色堰・堀は、その後洪水などでたびたび破損し、その修復工事のため水下村々の負担が大きく、藩でも大規模な工事の際には、領内全域への人足（または代賃銭）割り当てを行った。安政六年（一八五九）関係各村は、堰場をさらに上流の輪ヶ淵《わがふち》（羽瀬石村）に移しての半永久的な堰造成を願い出る。これは高木村の名主で和算家としても知られていた日向七郎左衛門の提案によるものであった。工事の見積もりは、総人足二万四六八二人とし、その半分（一万二三四一人）は水下村々で負担し、残り半分を全領内各組に割り当ててほしいと願っている。もちろん各組割賦の人足負担は、ほとんど代賃銭（一人につき一〇五文、金一分に一貫五八〇文替え）で徴収された。工事は同年十一月に開始され、総工費三七六両余を費やして、万延元年（一八六〇）十一月に完成した。

諸子沢堰・堀は、仁井田村一村持ちの用水で、荒井村諸子沢（現字陣場）で五百川の水を堰上げし、五百川に沿って水路を通し、仁井田村字光田から上野台・

本宮市関下字神座の岩色用水路。この辺の水田が岩色用水造成によって、最も早くから開発された

田中集落東側を経て、大木付近から真東に阿武隈川に流下させる。創設は天正年間（一五八〇年代）以前といわれ、仁井田村とは、この用水によって開かれた新田の村の意である。享保二十一年（一七三六）の「本宮組村々大概帳」によれば、仁井田の村高本田・新田合わせて一一一七石余のうち、四百石余は諸子沢堰、同じく四百石余は岩色用水の灌漑によるとしている。

用水権をめぐる争い

灌漑用水をめぐっては、どこでも、いつの時代でも争いがあり、特に旱魃のときには水の配分をめぐってしばしば深刻な対立を引き起こした。各地のいくつかの例を紹介しておこう。

本宮組の苗代田・荒井・関下・青田・仁井田の五カ村（いずれも現本宮市）が利用する岩色用水は、上流と下流の水の配分をめぐって何度も争いが起こった。宝永六年（一七〇九）春、上流の苗代田村が自村持ちの用水堀を使わず、岩色用水を勝手に引いたので水下の村が水不足となり、関下・青田・仁井田の三カ村が代官所に訴えた。本宮組代官黒川嘉兵衛が実情を調べさせ、同年九月苗代田村が引水の樋を「我儘に居《す》へ」たためとし、苗代田村への引水樋の直径を小さくすることで決着させた。しかし同じ争いは、享保十四年（一七二九）夏の旱魃に際して再燃した。宝永の争論のときに定めた樋の大きさを、またも苗代田村が無視したのが原因で、このときの代官藤田八郎兵衛の裁断も、右に同じであった。

郡山地方では、河川の利用はごく限られた地域だけで、多くは自然湧水や溜池に頼っていた。大槻組の山口村・大谷村・駒屋村三カ村の共有であった深田池は、旱魃のときには池に近い山口村・大谷村と遠い駒屋村との間に深刻な水争いを引き起こした。池の所在する山口村に対し、駒屋村は毎年金一分と米八斗四升を納めて池水を引いていたが、正徳年間（一七一一〜一六）に駒屋村への引水が制限されて争いとなり、正徳五年四月、十日のうち一昼夜は駒屋村が引水することで一応決着した。駒屋村が納める池水代が、池による潰れ田年貢の一〇分の一にあたるという理由であった。しかしこの水論は何度も再発し、特に享保九年（一七二四）と明和三年（一七六六）の争いは深刻であった。大槻組代官の調停も両者が納得する解決とはならず、争いは明和八年までもつれこんだ。代官（中井覚右衛門）の裁定は、深田池の水五分の一は昼夜とも山口村端郷芦口の飲み水として使うこと、残りの水の南北両樋からの落水は大谷村・山口村が引き、十日に一昼夜だけは駒屋村に引くこととし、同年五月三カ村の名主・組頭・長百姓一同を集めて申し渡された。

杉田川（苗松川）上流の玉井村（現大玉村）皿久保地内鳴俣《なるまた》で堰上げする鳴俣堰は、戦国時代に造られ、はじめは玉井村・上大江村の田地を灌漑していたが、

杉田川の鳴俣堰取入口（大玉村玉井字皿久保）。天正期の造成。左上が杉田川本流、右側が用水路

天正の初め頃（一五七〇年代）、本宮鹿子田《かのこだ》館の領主鹿子田和泉が、椚山村・大江村の領主・肝煎の了解をえて、鳴俣堰の水路を本宮まで延長することに成功した。このため用水の利用範囲は広がったが、同時に上流と下流の村の間では深刻な水争いも始まった。享保十四年七月、椚山村（現大玉村）と杉田村（現二本松市）の間で、堰水の引水を椚山村が二日、杉田村が一日と取り決めた。ところが明和八年に大旱魃となり、南杉田村から代官所に訴願書が出された。下流の南杉田村へは堰水がわずかしか届かず、田植えができず地割れした田もあるので、堰水の杉田村への配分（三分の一）を増やしてほしいと訴えたのである。しかし、願書を出す前に、杉田村の者が、椚山村象目田の飲み水の堀を狭めて杭を打ったり、椚山村側が堰堀掛け口に並べておいた石を勝手に取り除いたりしたのは、不当であるとされ、享保十四年の取り決めとおり、杉田村への配分は三分の一のままと決定した。

③ 商業・製造業・金融

商品経済・貨幣経済が拡大し、各地に定期市が開かれ、在郷町が発達する。郡山・本宮・小浜・針道などでは城下の特権商人に負けない富裕商人が生まれた。各種の製造業の中でも、小原田の土摺臼・日和田の鋳物は注目される。

在郷町の形成――定期市と常設の店

当地方では、年貢納入は会津領時代から半石半永制（半分は金納）をとり、また小物成・浮役の金納・石代納等もあり、農民が現金収入を得る定期市場はどうしても必要であり、農村地域に在郷町《ざいごうまち》が形成される必然性があった。二本松藩内の市場は「職例秘要・郡奉行　一」（『二本松市史4』所収）に、次のように記されている。

〔二本松〕上中下旬共に四・七・十の日（但小の月は二十九日）。〔本宮〕三・八の日。〔日和田〕四・九の日。〔郡山〕五・十の日（小の月は朔日に越す、十二月は二十九日）。〔小浜〕一・五の日。〔針道《はりみち》〕六・十の日（小の月は二十九日）。〔百目木〕三・八の日。

城下以外の六カ所は、毎月六回開かれる六斎市である。右のうち二本松城下・本宮・郡山の市場は、会津領時代から開かれていたらしいが、その他の所も、丹羽時代に入ってそう下らない時期の開市（小浜は元禄期か）と考えられる。

市場の運営等については、正徳三年（一七一三）本宮南北両町役人が、代官・町奉行に出した「覚」（『本宮町史 6』所収）が次のように述べている。

①城下では七月・十二月の開市のときだけ「見せ賃」を取るというが、本宮では一年中市日ごとに「四尺見せ」を一単位として二〇文ずつ徴収している。

②「ふり売り」（行商）からも商売物に応じて安い見せ賃を取っているが、棒手札所持の者からは取らない。

③買い人のほうから見せ賃は取らないが、「真綿買人」だけは「見せふさげ」になるので徴収している。

ここでいう「見せ」とは、農産物や日用品を売る露店のことで、家屋をかまえた常設の店ではない。真綿買人が出てくるが、これは市場で買い上げて他へ転売する商人の存在を示し、また「ふり売り」からも見せ賃を取っているので、市場には常連の者だけでなく、臨時の行商人も集まったと思われる。

二本松藩内各市場の相場比較（文化11年9月）

種別	単位	本宮	小浜	百目木	針道	日和田	郡山
古米	金1分に付	3斗7升	3斗3升5合	3斗2升	3斗2升	3斗8升	4斗1升
新米	〃	4斗5升	4斗	4斗2升	3斗9升～4斗	4斗6升	4斗5升
大麦	〃	1石2斗	9斗	9斗5升	8斗2升	－	1石5斗
小麦	〃	※5斗3升	5斗5升	5斗5升	※5斗	－	5斗4升
大豆	〃	4斗4升	3斗7升	3斗2升	※4斗7升	4斗5升	4升2斗
小豆	〃	※4斗6升	4斗5升	3斗3升	※5斗	－	4斗1升
そば	〃	※6斗8升	6斗5升	－	－	－	－
塩	1俵に付	－	－	1貫400文	1貫400文	－	－
絹糸	金1両に付	－	220匁	260～230匁	220～200匁	－	－
銭相場	金1分に付	1貫700文	1貫690文	1貫700文	1貫700文	1貫700文	1貫720文

二本松市岩代・伊東家文書・文化11年9月「御領内市場相場記上帳」（『福島県史 第10巻上』）。調査日は9月5日～10日の間の各市日と思われる。※印は一升に付き何文という書き方なので、その市の銭相場で筆者換算。

市場が開かれる村は、各地方の人と物の集散地となり、人口も増え、交通量も増大して旅籠屋なども出現し、在郷町としての形を整えてくると、食料品や日用品の消費は拡大し、月六回しか開かれない市場での売り買いでは追いつかなくなる。需要に応えて常設の店もでき、「ふり売り」の者でも毎日商売に精を出す者が増え、さらには新しい活動の場を求めて他地域から移住する者も増える。郡山・本宮などで常設の店が増加するのは元禄頃（十七世紀末）からと思われる。享保二十一年「本宮組村々大概帳」には、前年に本宮両町が納めた浮役・役金・役銭★が、真綿役銭二三貫一七五文、升《ます》屋役金二両、紙札役金四両三分二朱、絹糸釜役銭八貫文、月切《つきぎり》棒手《ぼて》札《ふだ》役銭二〇貫文、定棒手札役金二分などと記されている。

右の金額を、藩の単位役金規定（「職例秘要・郡奉行　一」）で換算すると、享保期の本宮村には、真綿商一〇人前後、紙商売が小店だけなら九軒以上（大店なら四～五軒）、行商だけなら四〇人弱、絹糸釜が延べ一一四釜（月平均一〇釜）、年間を通しての棒手振（行商人）が一人、月切りの棒手振が延べ一〇〇人存在したことになる。このほかに二本松藩では、酒屋役・湯屋役・旅籠役・質札《しちふだ》役・塩問屋役・蠟問屋役・売薬役・諸職人役などがあり、郡山・本宮などでは、これらの商売人の存在が確認できる。

このように常設の店の増加、行商人の活動の拡大により、従来の定期市場の重要度は相対的には減少していくが、二本松藩では各地の相場形成に一定の役割を

▼**役金・役銭**　商人や職人に課される営業税。

果たし、城下以外の各市場は幕末まで存続している。前々ページ下表は文化十一年（一八一四）九月における六カ所の市場の相場比較である。時期により地域によりかなりのバラツキがあったらしいが、この月の米と大麦に限って見れば、本宮市では小浜市・針道市・百目木市より安く、郡山市・日和田市より高かったことがわかる。本宮・日和田・郡山で空欄になっている塩・絹糸は、この地方で売買がなかったのではなく、その他の生活必需品も含めて、各商家の日常の取引（定期市を通さない）を通じて、相場が把握できたのであろう。

　右のように形成されていった在郷町の商人たちは、江戸後期になると次第に成長し、資本を貯え、城下町の特権商人に代わって、藩財政を支える存在になっていくのである。

在郷町の発展——郡山・本宮・小浜・針道

元禄期（十七世紀末）以降、城下町以外でも活発な商業活動が展開し、交通要地などに在郷町《ざいごうまち》が形成されていった。

郡山は奥州街道の宿駅であり、各地への交通も開け、二本松藩安積《あさか》三組の代官所および蔵場もあったことから、在郷町として発展した。享保頃の「積達大概録」では家数二九八軒。享和三年（一八〇三）三月の郡山村の家数は二五三軒（上町一三一軒、下町一二二軒)、「定有人」(現住人口)二四〇七人(上町一四五五人、下町九五二人)であった。上町だけに限れば、享保二十年(一七三五)に家数一〇二軒、定有人一〇七四人、天保元年(一八三〇)には家数一三四軒、定有人二〇四二人となった。

早くから郡山で活躍していた有力商人には、寛永期(一六二四~四四)にすでに商業活動を始めた安藤忠助家、寛文頃(十七世紀後半)に越前国福井から移ってきた武田重蔵家、延宝三年(一六七五)に尾張国鳴海より移住した鴫原家、元禄期(一六八八~一七〇四)に田村郡小野新町からきた阿部茂兵衛家、正徳頃(十八世紀初め)に安積郡河内村から出てきた遠藤介右衛門家、寛保二年(一七四二)に安積郡舟津村から出てきた山口哲三家、寛延期(一七四八~五一)にはすでに定住していた永戸与右衛門家などがある。

これらの人々の活躍に加えて、宝暦期(一七五一~六四)以降は新しい商人層も活躍し始め、商業経営はより多様化し拡大していく。例えば天明八年(一七八八)の永戸家の「店卸帳」をみると、その営業は質屋・鉄・蠟・古手・木綿・呉服・太物・畳表・米・雑穀・酒・塩・砂糖・水油・薬種・鰹節などと多種目にわたり、広汎な生活必需品を販売する在郷商人の特徴を示し、販路も郡山宿および周辺農村への卸・小売を兼ねていた。このほか、味噌・醬油・生糸や旅籠屋も多く、さらに有力商人は永戸家のように質屋などの金融業を兼ねる者も多かった。

これら有力商人も、江戸前期においてはまだ「本百姓」身分で、年貢その他を負担する半農半商的な性格であった。しかし中期以降在郷商人として財力を貯え、藩財政の窮乏にともなって城下町の特権商人が力を失うと、藩に対して多額の御用金・才覚金・貸上金（借上金）を拠出するようになり、苗字帯刀御免から永代与力格に至る「御称誉」を与えられ、併せて「家守《やもり》★」を雇って、商業と農業を分離することを許されたのである。つまり農業を家守に請け負わせ、主人は商業経営に専念できる制度で、商家は「百姓」としての数々の義務・制限から解放され、商業活動をますます拡大していくことになる。

郡山でも本宮でも、家守免許は宝暦十三年（一七六三）から始まるが、郡山上町では慶応三年（一八六七）までの間に柏木甚右衛門・永戸次右衛門・伊東彦四郎・薄井小七郎ら二六人が免許を受け、同下町でも増子源之丞・安藤久兵衛ら八人以上が許可されている。本宮でも文化～文政頃（一八〇四～三〇）、浦井右伝治・同平左衛門・糠沢直左衛門・白戸玄仙・渡辺源三郎・鈴木佐十郎・柳原金作・星野与一兵衛ら一〇人以上が家守を抱えていたことが確認できる。

本宮も奥州街道の宿場町で、会津街道・相馬街道・三春街道の分岐点でもあり、南達地方の人と物資の集散地として発展する。享保二十一年（一七三六）「本宮組村々大概帳」では、本宮両町の家数三九九軒、現住人口二三八四人であったが、天保九年（一八三八）には家数四二三軒、人口二九六三人へと増加した。

▼家守
家守は、地主の権利・義務遂行の補佐・代行者のことで、地主の代理人として町用を務め、土地・家屋を管理し、借地から地代を、店子からは店賃を徴収して地主に納入する。二本松藩では、家守免許を受けた者（商人）は商業に専念し、家守は農業請負者として耕作し、「百姓」としてのさまざまの義務を果たした。

はじめは露天商・棒手振（行商）が多かったが、中期以降は常設の店を構える富裕商人が活躍し始め、後期になると、北町の渡辺家（井筒屋）・浦井家・伊藤家（塩屋）、南町の原瀬家・大内家・伊東家（高倉屋）・小松家などが成長していく。天保九年の「御巡見様案内」によると、旅籠屋三〇軒（飯盛女約七〇人）・茶屋一二軒・酒屋一二軒・湯屋六軒とある。このほか質屋、繭・生糸・蚕種・呉服・米穀・薬種・小間物などを扱う商人も多数存在した。

小浜の集落は、戦国末期から小浜城の城下町として形成されたが、元禄十二年（一六九九）に小浜宮守村を新しく町割りして近世の小浜町が確立した。ここも交通要地で、いわゆる「小浜の四ツ角」から、東は相馬、西は二本松、北は針道・川俣、南は本宮・三春へ通じ、宝暦十一年（一七六一）の「御巡見様案内」によれば、この四ツ角を中心に二四四軒の町屋が並んでいたという。小浜市場では米穀・生糸・塩などが活発に取引され、小浜紬《つむぎ》・小浜太織《ふとおり》の名で知られる絹織物も盛んであった。こうした商業取引を背景に、糀屋（菅野家・松本家）をはじめ、多くの富裕商人が出現した。

針道は、二本松から下太田を経由する相馬街道の宿駅で、先進蚕糸業地帯の伊達地方や田村郡にも通じ、地方仲買の基地として在郷町を形成した。「積達大概録」（享保期）には、針道村の家数二〇四軒のうち八七軒が町屋と記されている。針道市場では生糸の取引が活発であったが、ほかに米穀・塩・海産物の売買も盛

元禄頃から賑わった「小浜の四ツ角」
（現二本松市小浜町鳥居町）

んで、問屋佐藤家、糸買継ぎ問屋宗形家などの富裕商人が成長していった。

旅籠屋と飯盛女――郡山・本宮宿を中心に

木賃宿（飯を炊く薪代を払う宿）とは別に、食事・寝具がついて宿泊できる旅籠屋がある。郡山・本宮などの宿駅には、参勤交代が制度化された寛永十二年（一六三五）頃には旅籠屋が存在していたはずであり、元禄期（十七世紀末）には数も増え、中には飯盛女をおくものも相当あったと思われる。井原西鶴が元禄二年（一六八九）に出版した名所案内『一目玉鉾』で、「本宮―此所より会津街道あり、宿も賑しく旅人さだまって泊る所なり、遊女有ておもしろし」と、本宮宿のことを紹介している。また松尾芭蕉が『奥の細道』の旅で郡山に一泊したのは、元禄二年旧暦四月二十九日のことである。

旅籠屋は規模によって大・中・小に分類され、内容によって平（並）旅籠と飯盛旅籠に分けられる。平旅籠は一般旅行者が宿泊し、時には幕府役人などの御用宿にもなった。飯盛旅籠は、宿泊客に飯盛女を出す宿であるが、大名一行が宿泊する場合などには平旅籠同様に利用された。

旅籠屋の数は、江戸中期以前の記録はなく正確にはわからないが、享保二十一年（一七三六）三月の「本宮組村々大概帳」には、本宮宿に旅籠屋は二七軒あるが、

十四、五年以前に比べて「三ヶ一は相止め★」ているとあるので、享保期初めには四〇軒ほどの旅籠屋があったことになる。また、寛政九年（一七九七）六月幕府領桑折《こおり》代官の宿駅の風俗矯正に関する達《たつ》しに「郡山・本宮両駅の飯盛女凡弐百人余も有之」と記され、飯盛女は旅籠屋一軒当たり二人までという享保三年の幕府規定から考えて、郡山・本宮には各五〇軒前後の旅籠屋があったと推定できる。また享和二年（一八〇二）六月、郡山宿の「小廻」商人宿の組合仲間が、飯盛女の斡旋をめぐるトラブルから議定書を出しており、これに三六軒の宿主が署名・捺印している。この頃の郡山の商人宿には大廻・小廻の区分があり、これに商人宿以外の旅籠屋を加えるとやはり五〇軒前後の旅宿が存在したといえよう。

文政六年（一八二三）十一月頃の郡山の旅籠屋・飯盛女の調査によれば、飯盛旅籠は二三軒、抱えている飯盛女が計一二四人、うち二六人は子供なので、これを差し引けば九八人となる。文政十年春、江戸星運堂発行の『諸国道中商人鑑』に

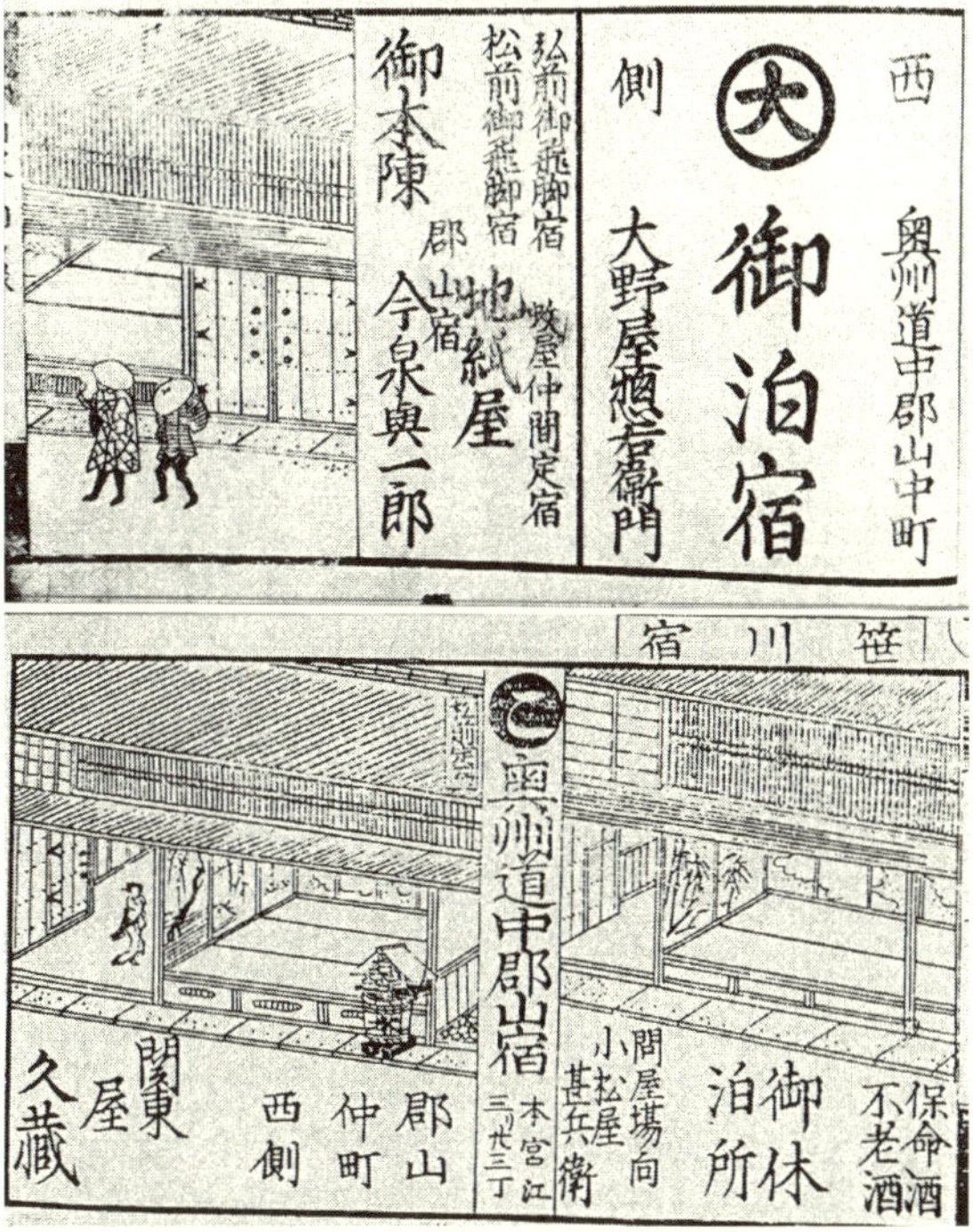

文政10年（1827）春、江戸星運堂刊『諸国道中商人鑑』より
上右・大野屋惣右衛門（郡山中町）、下左・関東屋久蔵（同）、
ともに大きい飯盛旅籠であった

▼三ヶ一は相止め
三分の一は停止している。

紹介されている郡山中町の大野屋惣右衛門と関東屋久蔵も飯盛旅籠で、大野屋が一七人（うち子供三人）、関東屋が一一人の飯盛女を抱えていた。★同じ書物には、本宮南町のわたなべ屋、脇本陣の大内屋、塩屋三四郎、をがわや市三郎、かし座敷花香摘、同北町の和泉屋庄助、角屋宗三郎、脇本陣の鶴屋、平石屋六右衛門が紹介されているが、これらの大半も飯盛旅籠と考えてよい。このうち脇本陣大内屋藤左衛門は南町の検断でもあり、安政四年（一八五七）の「本宮南町人面改帳」には、その家族の末尾に飯盛下女一二人の名が記され、すべてが越後国からの質物奉公の名で抱えられた女たちである。本宮宿全体の旅籠屋と飯盛女の数は、天保九年（一八三八）の「御巡見様案内」に「旅籠屋三十軒程、飯盛女七十人程」とあるのが唯一の記録である。

明治五年（一八七二）十月、明治政府によって「芸娼妓解放令」が出され、その準備のために郡山村が同年十一月にまとめた「飯盛女取調帳」がある。これによれば当時の郡山には一二四人の飯盛女がおり（うち二〇人は十四歳以下）、出身地別では福島県内が二〇人（石城五、安達四、白河三ほか）、県外が九七人（越後国六七、仙台二四、宇都宮二ほか）、不明七であった。本宮もこの割合と考えられる。

▼郡山の飯盛旅籠については、草野喜久『史料で見る女たちの近世』に詳しい。

これも二本松

ある飯盛女の半生

―本宮宿大内屋抱えのミさほの場合

郡山・本宮・八丁目（現松川町）などの宿駅には多くの飯盛女《めしもりおんな》が旅籠屋に抱えられ、宿町繁昌に一役買っていた。本宮南町の大内家文書に、文化期（一八〇四～一八）の同家の金銭出入りを記した「永控」なる簿冊があり、その中の「女郎衆へ貸」と題された部分が彼女たちの暮らしぶりを伝えている。

　大内家は宝暦七年（一七五七）から本宮南町の名主（のち検断）・脇本陣を務め、同時に質屋・酒屋・飯盛旅籠を営む富商であった。先の「永控」の「女郎衆へ貸」の条には、大内家に抱えられていた飯盛女一人ひとりの借金が、かなり詳しく具体的に記されている。名前はすべて源氏名で（本名も出身地も不明）、一五人の女たちの借金状況が個人別にまとめられている。すなわち二見・あやめ・ちどり・たミの・およし・ミさほ・雛治・浅香・阿屋免（前のあやめと別人か）・みとり・美由き・よしの・浦野・津野・しげのである。大半は越後国など遠くから身売りされてきたと思われる。この中から、比較的記述のわかりやすい「ミさほ」の場合を紹介しよう。

　ミさほの出身地は不明。「午正月十五日、一壱分、年直し振舞致スニ金かし」とあり、女の年直しは十九歳（三十三歳ではあるまい）なので、午年（文化七＝一八一〇）に数え年十九歳になったと思われる。辰年（文化五）九月から亥年（文化十二）十月までの七年一カ月間の借金が記されるが、その間、巳年（文化六）五月一日「鉄漿《かね》の砌諸品入用代」として二五両三分余を借りたが、これは遊女として一人前になった証として「おはぐろ」を染める、その披露に必要な衣装代その他の費用であろう。十八歳のときである。この年十一月までの借金は利子ともに三〇両となった。未年（文化八）三月には仲間とバクチでもやって負けたか、着物を質入れして「丸はだか」になり、それを請け出すのに二両を借りた。また客へ酒代をおごったり、なかなかの気っぷがうかがえるが、他方、午・未・申・戌の各年、四回にわたり延べ百日近くも病気するなど苦労も多かった。治療費のことは記していないので、年季明けのときに帳消しにしたらしい。丸二十年の年季が終わったのが亥年（文化十二）十月で、ここまでの帳面がすべて斜線で抹消されたのはこのときであろう。年齢は二十四歳と計算できる。とすれば四歳で身売りされたことになる。なお年季明けの十月に、国元の母親がきて新たに三両を借りているが、これは解放後の本人の借金となったのであろうか。

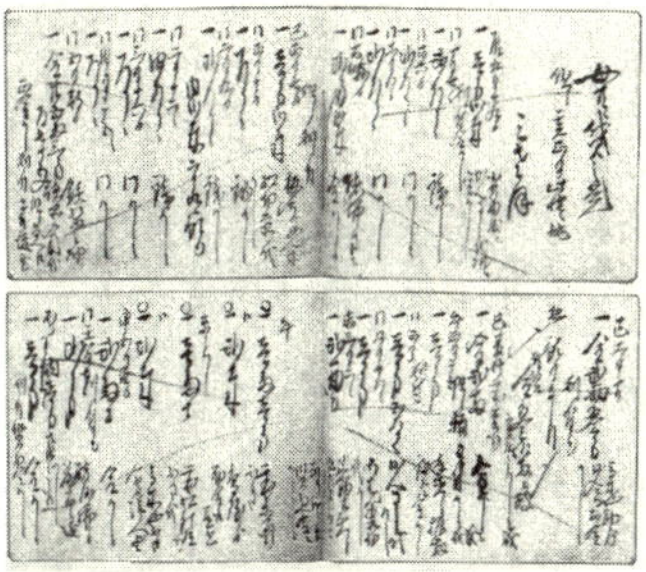

文化年間「大内家永控帳」より。「飯盛下女ミさほへ貸金の覚」（「本宮市大内家文書」本宮市歴史民俗資料館蔵）

これも二本松

宿駅での事件
——元禄三年の本宮宿

本宮南町本陣（問屋兼務）原瀬家に「諸御大名様御休泊控帳并留控帳」なる記録がある。原瀬家三代目の与五右衛門が、天和三年（一六八三）五月から元禄四年（一六九一）までの間に、本宮宿で起こったさまざまな事件、および大名や幕府役人らが休泊した状況を記したものである。この「留控帳」から元禄三年に起こった三つの事件を紹介しておこう。

（一）

元禄三年四月十三日、江戸の盗賊奉行（火付盗賊改め方）中根主計から二本松藩に飛脚便が届き、本宮宿下町の旅籠屋平右衛門方の下女まき（飯盛女《めしもりおんな》か）に関する調査を依頼してきた。まきは南部立曾部村の山伏善松院の娘で、病気がちの善松院が、貞享四年（一六八七）に那須御料鍋掛の商人市兵衛（身売り奉公の周旋人か）に身売りさせ、市兵衛は彼女を郡山宿の八郎右衛門方で本宮の平右衛門に金五両一分で身売りさせたのである。ところが、常陸国尾谷村の太兵衛なる者（まきの伯父と称する）が、仙台城下に集まっていた市兵衛ら周旋人たちの所へきて、「俺は公儀の目明しだ、お前らのやっていることは御法度《ごはっと》の人買いにあたる」と脅し、一人当たり三両から五両の金をまきあげたが、市兵衛だけは金を出さなかったので、太兵衛が江戸の「盗賊奉行」へ訴え、市兵衛が捕らえられるという事件となったのである。本宮組代官安部井加右衛門は、四月二十三日、とりあえずまきの抱え主平右衛門の子長兵衛（親平右衛門は三月に死去）と郡山の八郎右衛門を牢舎、まきを五人組預けとした。

その後の調べで、まきの十年季奉公の身売り証文が「人買い」ではない証拠となり、その旨江戸へ報告され、五月二十四日に長兵衛・八郎右衛門は無罪放免、まきもお構いなしとされた。江戸では逆に太兵衛が磔となり、市兵衛は放免されたという。

（二）

同年六月十一日の晩、本宮南町下町の旅籠屋左次兵衛方で刃傷事件が起こった。この夜左次兵衛方には、仙台藩の足軽二人と米沢の薬売り三左衛門、最上と梁川の小間物商らが泊まっていた。仙台の足軽らが、同町市三郎方の飯盛下女ゆりを呼び遊んでいたが、そこへ白岩村（現本宮市の内）の八平という若者がきてゆりを呼び出し、もっていた脇差でミネ打ちに殴りつけ、けがを負わせた。ゆりは米沢の薬売り三左衛門の寝間に逃げこみ、驚いて蚊帳から出てきた三左衛門にも、逆上した八平が斬りつけ、左腕に二、三寸ほど傷を負わせて逃亡した。

八平は白岩村からの「出人奉公人」で、二本松藩家中の国安志賀右衛門に奉公していた若者であった。六月に「洗濯ひま（休暇）」を与えられて白岩村に帰る途中、六月九日の晩から十日の晩まで左次兵衛方の隣の旅籠屋彦兵衛方にゆりを呼んで泊まっていたが、一宿以上の逗留は禁じられていたので、十一日の朝彦兵衛方を追い出され、ゆりへの思いを断ち切れず左次兵衛方にきて事件となったのである。負傷したのが他領の者だったので、宿泊先の左次兵衛はじめ南町の役人らは医師青海玄良を呼んで傷を治療させ、六月十三日、南町本陣原瀬与五右衛門、名主又右衛門、同組頭二人が立ち会い、白岩村の名主二人（孫八・平内）が、三左衛門および同宿者二人に対し樽代（おわびの酒代）を出して詫び、勘弁してもらった。

　八平を二晩逗留させた彦兵衛は、藩会所から厳重注意を受け、左次兵衛にはとがめはなかった。三左衛門の傷が全快し、左次兵衛方を出立したのは六月二十五日の朝である。なお、逃亡した八平は三春領に逃げこんだが行き場を失い、田村郡丹伊田村（現郡山市西田町）において剃刀で自害して果てた。二十三歳だったという。

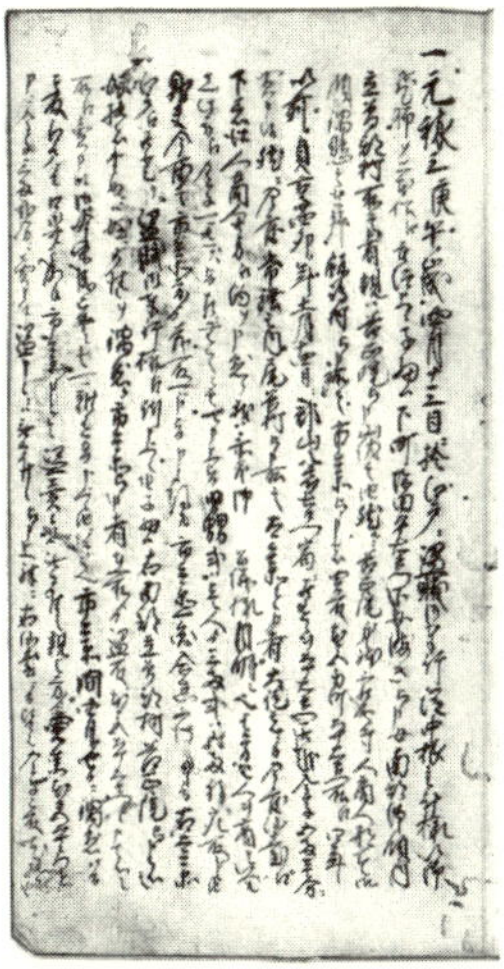

原瀬家文書「諸御大名様御休泊控帳井発留控帳」元禄３年４月13日の記事

〔三〕

　同じ年七月三日、江戸から下向する南部信濃守（盛岡藩主南部重信の嫡子行信）の一行が、本宮南町に宿泊する予定になっていた。六月二十八日江戸出立、七月二日白河泊まり、三日本宮南町泊まりという予定であった。そこへ三日の朝四ツ時（午前十時頃）から、仙台藩雇いの人足ら約三〇〇人が続々とやってきて、勝手に南町の旅籠屋へ分宿してしまった。大名やその嫡子が旅行する場合、幕府に旅程を届け出るので、間違いないように途中の休泊所に何度か「先触れ」「追い触れ」を出し、到着日時や宿泊人数を確認するのであるが、南部家のその後の確認はなかったので、南町本陣の原瀬与五右衛門は予定変更と思い、そのままにしていた。ところが、その日の午後になって南部家の宿割役人が到着し、関札（大名宿所の前に掲げる木札）を示し、南町へ家臣の宿割りをすると通告した。

　驚いた与五右衛門は、仙台人足衆へ、北町に移ってくれるよう頼んだが、大藩の権力をかさに着て、しかも酒が入っている人足らは、一向にいうことを聞かなかった。やむなく与五右衛門は、南部家役人に宿泊を北町に変更してくれるよう頼みこんだ。はじめ不快な顔をした役人も、仙台藩とのトラブルを避けたいと思ったのか、不承不承北町の本陣（鴫原家）と旅籠に宿泊の手配をした。結局南部信濃守一行は、翌日何事もなく出発したのであるが、前夜与五右衛門は北町本陣を土産物をもって訪れ、南部家家老に会ってひたすら詫びたのである。

　大名の道中荷物は、各宿駅を継ぎ送るのが普通であったが、大藩の場合「通夫」といって、藩の雇った人足で江戸まで運ばせることがあったようで、右の南町の旅籠屋を占拠した仙台藩「御用人足」も、そうした江戸までの通夫で江戸からの帰途だったのであろう。

製造業（1）――酒造業・製糸業・蚕種業

〔酒造〕

酒造は年貢米確保および米価安定のため、領主により厳しく規制されたが、不作・凶作時以外は、二本松藩領内各地で盛んに行われた。「丹羽秀延年譜附録」によれば、正徳六年（一七一六）一月、幕府勘定奉行の酒造米調査の依頼に対し、二本松藩は元禄十五年（一七〇二）には六八〇石弱、正徳五年には二一九三石余の酒造米を使用したと報告している。藩は酒札（鑑札）を発行し、これをもつ者以外の酒造を禁じた。酒札は「酒箒」とも称し、木の板を酒瓶の形に切り抜き、許可年月、酒造米石数、酒造人の村名と人名が明記されている。酒造人は酒役銭を納めなければならず、幕末の記録だが、最小の三尺桶が一貫二八〇文、最大の六尺桶が一〇貫三五〇文であった。

酒造の実態を本宮地方の例でみよう。本宮南町の原瀬家（本陣・問屋役）は延宝四年（一六七六）十二月に、三之丞所持の「酒箒」を金五両で買い取って造り酒屋を始めている。また天和二年（一六八二）一月、藩が酒屋軒数の削減を企図し、造り酒屋を二本松会所に集めくじ取りを行ったとき、原瀬与五兵衛が本宮両町二五軒の酒屋を代表して一九本のくじを引いたという。北町の浦井家は、文政

宝永７年（1719）発行の「酒箒」（酒札）。
裏（左）には「天保十四年譲渡」とある（本宮市・渡辺勝氏蔵）

期（一八一八〜三〇）に「酒箒」を四枚（宝永七年発行三枚、明和三年発行一枚）を所持していたが、これらはかなり以前に南町藤左衛門・和田村（旧白沢村）庄蔵から譲り受けたもので、文政期には一枚は休札、二枚は分家の浦井伝兵衛に、一枚は北町の松山家へ貸札となっている。その他浦井家に残る「酒造仕入金」借用証文により、本宮宿では北町の渡辺家（井筒屋）・安斎徳兵衛・鈴木義作らも酒造業を営んでいたことがわかる。

郡山では、幕末期に阿部定之助・山口鉄蔵・高橋徳治らが酒造業を大きく営んでいるが、それぞれいつ頃の創業か未詳である。

〔製糸〕

製糸業が自家用としてではなく、商売用として広まるのは元禄期以後であろう。享保二十一年（一七三六）三月の「本宮組村々大概帳」に、本宮村が前年に納めた絹糸・釜役銭が八貫文とあり、一釜一カ月七〇文なので、延べ一一四釜（月平均一〇釜）が稼働していたことになる。「稲沢村年代記」に生糸の値段が記されるのは元文二年（一七三七）が初出で、金一分に「糸は百四拾目より百弐拾目迄」とある。江戸後期以降、製糸業は急速に拡大し、いわゆる問屋制家内工業が広まるのである。

糸取りは女たちの賃仕事であったが、それを数人もしくは十数人ずつまとめるいくつかの問屋が生まれる。天明〜文化期（一七八一〜一八一八）の本宮北町浦井平兵衛（住吉屋）宛の「糸仕切書」や「糸商売元手金」借用証文により、大坂屋利兵衛・誉田庄助・高倉屋平次郎・糠沢直左衛門・星野与市兵衛らが、そうした問屋であったことがわかる。これら問屋たちから生糸を買い集め、遠隔地との取引を大規模に行うようになったのが浦井家で、同家の「糸仕切書」によれば、天明四年（一七八四）二月から翌年五月までの間に、遠隔地の大商人（京都・岐阜その他）に向け、少なくとも七回にわたり、計二七〇把、重量六五貫一五二匁七分が出荷され、その代金から口銭・駄賃などの経費を差し引いた残り四一八両二分余が浦井家に支払われた。

安政五年（一八五八）に米英などとの通商条約が結ばれ、まもなく神奈川（のち横浜）などが開港すると、生糸は輸出の花形となり、郡山の柳沼恒五郎・阿部茂助、小浜町の糀屋（菅野家）などが飛躍的に経営を拡大し、製糸業は家内工業から工場制手工業へと発展する土台がつくられた。

〔蚕種〕

蚕種業は伊達・信夫両郡が盛んで、当地方の養蚕農家もこの両郡産の蚕種を大量に購入していた。やがて当地方でも、寛政～文化期（一七八九～一八一八）に活躍した本宮の俳人塩田冥々のように、蚕種業を営む者も現れる。文化四年（一八〇七）には郡山の蚕種役銭納入者は滝田専七郎ら四人いたが、文政元年（一八一八）には阿部茂左衛門・吉田次郎右衛門らが加わり七人となった。幕末には南達地方でも蚕種生産が盛んとなり、慶応二年（一八六六）三月、本宮南町の本陣原瀬家に川俣代官所から役人が出張し、南達地方の蚕種改めが約一カ月間行われた。その際に原瀬与五右衛門が改め役人に提出した報告書には、「蚕種取高」本種四五七枚、「種蛹仕入高」二九貫五三二匁と記されている。本宮組・糠沢組両組村々の状況であろう。

製造業（2）——日和田の鋳物と小原田の土摺臼

二本松藩領において工業生産は盛んであったとはいえないが、安積郡日和田《ひわだ》村（現郡山市）の鋳物《いもの》と小原田村（同前）の土摺臼《どずるす》は特筆されてよかろう。

〔鋳物〕

日和田鋳物の歴史は古く、南北朝時代に始まるといわれる。日和田は、関東地方の鋳物師《いもじ》たちが東北地方に進出する足場となり、やがて下野国宇都宮の大和氏・秦氏などが日和田を舞台に活躍することになる。現郡山市西田町鬼生田の廣度《こうど》寺銅鐘（県重要文化財）の銘に、「永徳二年（一三八二）十一月八日、大工秦景重」とあり、日和田に居住していた宇都宮鋳物師秦氏による鋳造とされる。また現田村市船引の大鏑矢《おおかぶらや》神社の鉄鉢（国重要美術品）の銘には、「文明十九年（一四八七）六月一日、部谷田《へやた》根岸大工秀次」とあるが、部谷田は日和田の古名、大工は

田村市船引の大鏑矢神社の鉄鉢
（国重要美術品。『船引町史・資料編 Ⅰ』より）

「鋳物大工」のこと、秀次は宇都宮鋳物師の大和秀次のことといわれる。

江戸時代に入ると、日和田鋳物は釣鐘や鰐口などから、鍋・釜・火鉢・風呂釜・鉄瓶などの日常品の鋳造を主体とするようになり、また地方鍛冶職人の求めにより鋼の供給も行った。二本松市旧東和町の木幡山《こはたさん》治陸寺《じろくじ》の銅鐘は明暦四年（一六五八）に鋳造されたが、その銘に、小野口正守・石沢久次・早川良之・鈴木正吉ら一三人の日和田鋳物師の名が刻まれている。江戸中期以降には日和田鋳物の販路は、須賀川・郡山・長沼・本宮・二本松・松川・福島・飯坂・小浜・針道・三春・瀬ノ上・守山など中通り各地の幕藩領に及び、各地に特約店も設置されるに至った。日和田鋳物の原料には、古くは阿武隈川や藤田川の砂鉄が使われ、さらに町内の八幡神社や田村郡各地から採掘された鉄鉱石も使われたが、江戸時代になると岩手県の南部鉄が運送されてくるようにもなった。

幕末になると、二本松藩は石沢家、佐藤東蔵・佐藤久作、藤橋家、鈴木甚兵衛などの各家を御用鋳物師とし、江戸湾の富津《ふっつ》砲台警備を命じられると、大砲・砲弾・破裂弾・小銃などの製造に当たらせた。これらは戊辰戦争で二本松少年隊も使用したという。このように栄えた日和田鋳物も、明治中期以降は衰微し、明治三十五年（一九〇二）にはわずか四軒になった。

【土摺臼】

土摺臼は、松・杉・櫟《くぬぎ》・樫などの木材と竹と粘土で作られる脱穀用の道具であ

小原田の土摺臼。性能がよく砕け米も少ない臼として広く普及した（『郡山の歴史』より）

る。近世初期に中国から伝えられ、はじめ関西地方に広まり、元禄期（一六八八〜一七〇四）には関東・東北でも使われ始めたというが、千歯扱《こ》き・万石通《まんごくどお》しと同様県内各地に普及するのは享保期（一七一六〜三六）以降である。かなり高価だったので、これを所有できたのは富農層に限られたという。寛政期（一七八九〜一八〇一）以降は、磐城地方でも土摺臼の生産が盛んになった。

安積郡小原田村で生産されるようになったのは文政期（一八一八〜三〇）からである。磐城郡神谷の鈴木半之丞が、小原田村の橋本家に養子に入り橋本半之丞となり、土摺臼の製法を伝えた。次第に弟子も集まり、技術の向上もあって安価に大量に生産されるようになった。幕末には小原田村のほとんどの家が土摺臼生産に携わるようになり、最盛期には、年間二五〇〇台も製造され、販路は安積郡はもちろん、田村郡・岩瀬郡・安達郡・石川郡・会津地方にまで及んだ。

大金融業者の出現――本宮の浦井家・郡山の阿部家

江戸中期以降、発展する在郷町を支える富裕商人や、農村部で名主などを務める富裕農民の中には、質屋など貸金業にかかわる者が多くなった。一般庶民は「年貢上納に指支え」、「店賃・家賃支払に差詰り」、「嫁取り資金の為」、「家作普請金のため」などの理由で借金をしたが、金額の多い場合には、田畑・屋敷を質入れする形のいわゆる質地証文も増え、以後そうした金融業者への土地集中も顕著になっていく。さらにはさまざまな商業・製造業に携わる人たちに、その営業資金を提供する大金融業者も出現する。本宮の浦井家、郡山の阿部家などはその代表的な例といえよう。

〔浦井家〕

本宮の浦井家の祖は安達郡西荒井村（現二本松市）に居住していたが、三代平兵衛のとき、延宝元年（一六七三）本宮北町に移住、四代宇平治のとき（正徳四年）「纔《わずか》之見世商売仕り、追々手繰宜しく罷成り、酒造并小質等も商売」を始めた。五代右伝治（元文三年家督相続）のときから質屋営業が軌道にのり、延享四年（一七四七）美濃伊勢川普請御手伝の御用金四五両献納を皮切りに、たびたび御用金・貸上金・献納金を上納し、また火災・凶作時の米穀・金銭拠出により藩主から数々の「御称誉」を受ける。明和七年（一七七〇）には福島町にも質屋を出店し、安永六年（一七七七）六月には「質屋御免許改役」に任命され、南達全域の質屋営業者の元締として藩の金融政策に影響をもつ大商人となったのである。

六代平兵衛、七代右伝治（享和三年家督）のときには、本宮と周辺農村で質屋を営む者たちに「質屋元手金」を融資した信用証文がたくさん残っている。浦井家の質屋その他の貸金業による利子収入は、天明七年には四四五両となっている。

その後も浦井家が拠出した御用金・貸上金・献納金は膨大な額にのぼり（最大

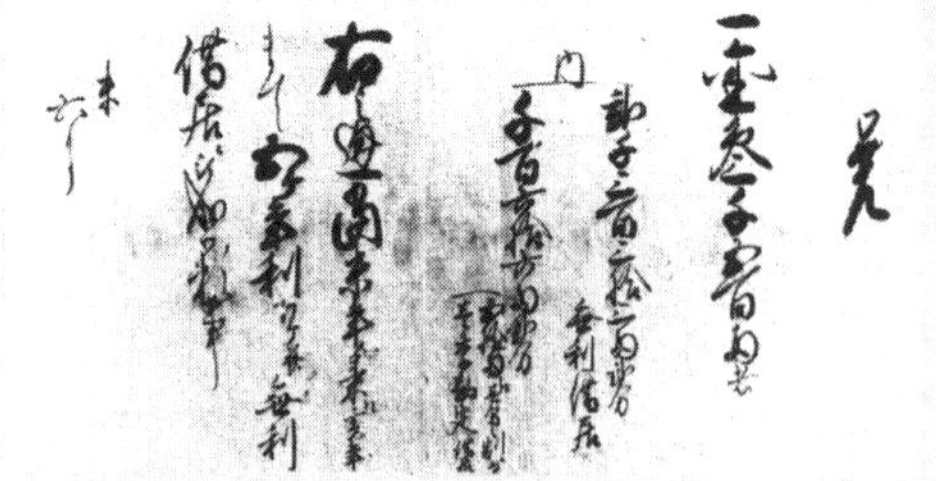

文化８年６月、藩が浦井家より借用した3500両（元利とも）の返済延期を求める依頼状。この分を浦井家は献納したのである（浦井家文書）

は文化八年の三五〇〇両献納）、藩はついに天保六年（一八三五）九月、八代浦井右伝治を正規の藩士に取り立て（知行二百石、十人扶持）、城下池ノ入に屋敷を与えたのである。一介の商人が二百石取りの藩士に編入されるというのは、二本松藩でも破格の出来事であった。本宮の浦井家は弟の伝治郎が継ぎ、九代目右伝治を名乗り、引き続き藩財政に重要な役割を果たした。

〔阿部家〕

郡山の阿部家（茂兵衛）は、元禄期（一六八八～一七〇四）に田村郡小野新町（現小野町）から郡山宿に移住し、木綿・繰綿《くりわた》の取引と質屋を主たる商いとし、屋号を小野屋と称した。木綿・繰綿の取引ははじめは上方の問屋中心だったが、化政期（十九世紀前半）以降は、江戸問屋との関係を強め大きくなっていった。阿部家の質屋・貸金営業は天明期（一七八一～八九）頃から大きくなり、天明七年の貸付高は五九〇両余になり、郡山宿、三春・高倉などの商人や周辺農村の富裕農家への資金貸しが多くなり、文化五年（一八〇八）に貸付額は三九〇〇両近くに急増する。なお、阿部家は寛政九年（一七九七）に茂兵衛の弟茂左衛門が分家し、東小野屋の屋号で呉服・太物・縞木綿・繰綿・絹糸などの多種多様の商品を扱い、同時に質屋・貸金業も営み、安政二年（一八五五）には貸付高一九二九両余、その利足一六〇〇両余を計上するに至る。

これも二本松

嶽山崩れ

——岳温泉全滅する

文政七年（一八二四）八月十五日、大型台風が安達郡を通過した。大雨により同日夜、安達太良山頂付近の鉄山（一七一〇メートル）山腹で土砂崩れが起こり、山麓にあった岳《だけ》温泉の湯小屋がほぼ全滅した。全滅した湯小屋は、現在の鉄山山麓にある県営くろがね小屋の西手約一五〇メートルの所にあった。

この温泉は、元和期（一六一五～二四）に二本松栗ヶ柵の館主秩父道《どう》閑《かん》なる人物ゆかりの者が開湯したと伝えられ、丹羽氏領有以前から利用されていた。丹羽時代になると深堀小屋名主の取締りのもとに、道閑の子孫である平近平が湯守に任ぜられた。寛政期（一七八九～一八〇一）

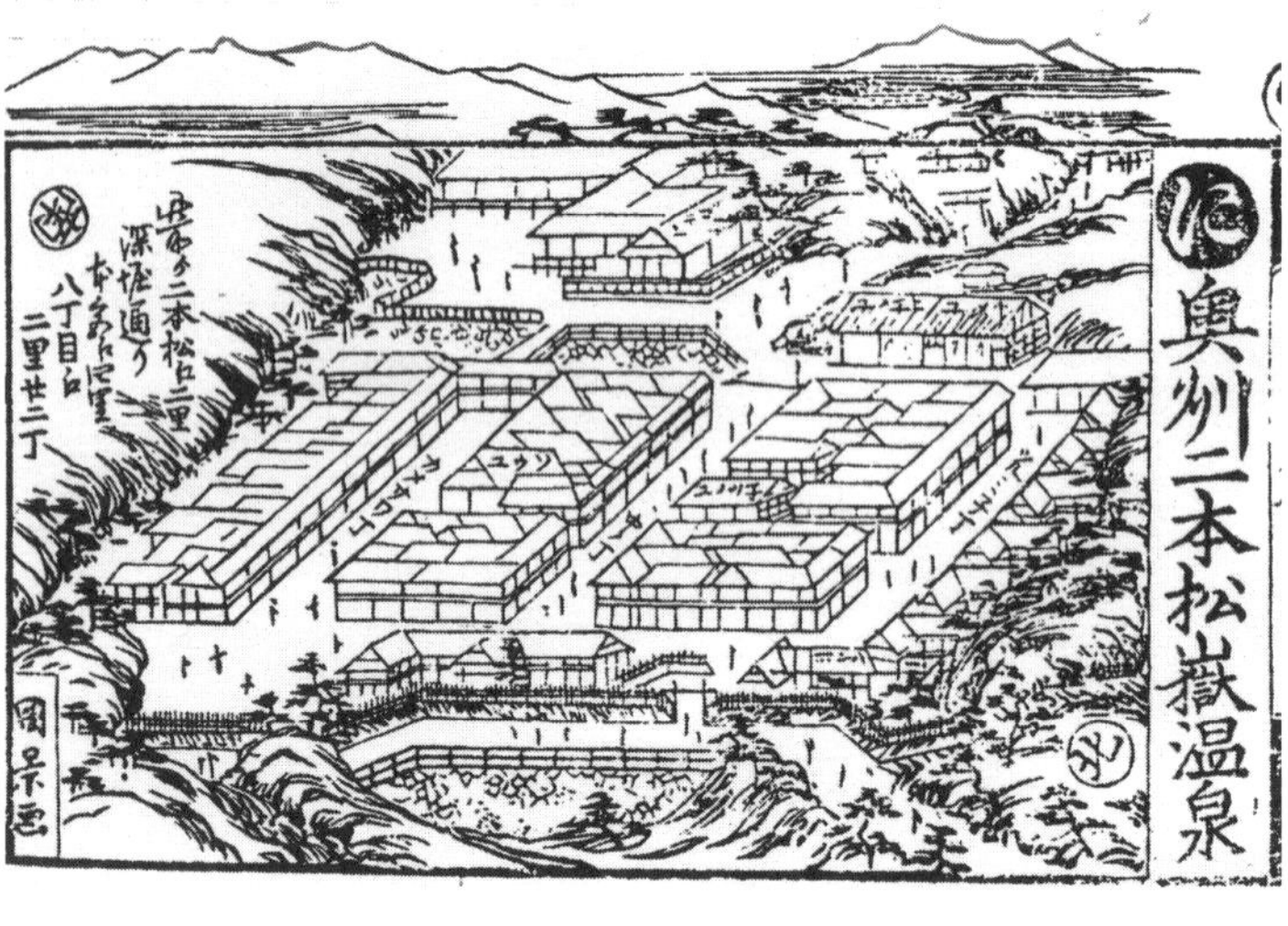

奥州二本松岳温泉図（十文字温泉）
（文政十年『諸国道中商人鑑』より）

の「嶽湯取斗之覚」によれば、八十八夜に山開きをして湯小屋が開かれ、秋の彼岸過ぎに山仕舞するという夏季のみの温泉場であった。入湯者はまず深堀小屋（現二本松市岳温泉字深堀）にきて案内を頼み、案内人に先導されて登山し湯小屋に入る。湯小屋全体は湯守が支配した。温泉場は藩により厳しい規制がなされた。文政期（一八一八～三〇）頃の湯銭は一人につき一夜一〇文と小屋銭一八文、木銭一四文で、計四二文であった。これに食料・衣類・寝具借料などを考えると相当の出費であったろう。

文政七年当時の温泉場には、番所・御殿小屋と湯小屋が一〇軒あり、小屋主は五人いた。八月十五日夜の滞在者は、入湯者一四四人、小屋番下男下女五四人、計一九八人で、このうち死亡・行方不明者が六六人と記録されている。入湯者の出身地は、田村郡四二、安達郡二一、水戸一九、信夫郡一七、磐城郡と安積郡が各一二、伊達郡九、岩瀬郡六、その他白川・石川・相馬郡などで、ここが広く知られた温泉場であったことがわかる。

八月十六日朝、藩は郡代羽木権蔵以下、郡奉行・代官・藩医と徒士目付・同心目付ほか約三〇人を派遣し、周辺の村々から救助人夫約六〇〇人を動員して救助活動を開始した。二十四日には家老日野源太左衛門が出張し、この頃までに玉井組・杉田組・小浜組・渋川組の村々から動員された人夫は延べ二三〇〇人余に及んだという。この被害状況・救助の様子は、入湯者の一人であった郡山上町検断今泉半之丞が記録した「嶽山崩一件」によって判明したのである。

文政八年には、藩は温泉場の復興を開始する。郡代伊藤九兵衛を指揮者とし、湯元から六キロメートル下流の塩沢村（現二本松市）字十文字まで引き湯して、新たな温泉場を造成する工事である。工事の設計は、藩の算学師範（最上流）渡辺東岳があたったといわれるが、実際の工事の設計・施工に携わったのは、高木村（現本宮市）名主日向七郎左衛門、白岩村（同前）名主鈴木兵内、上長折村（現二本松市）名主日向一郎左衛門で、三人とも和算の達人であった。急ぎの工事となり、この年秋には一応完成させているので、引き湯する樋は地表に置かれ、埋設されなかったと思われる。これが十文字温泉である。

文政十年に出版された『諸国道中商人鑑』に載っている「奥州二本松嶽温泉図」は、完成して間もない十文字温泉の様子である。湯小屋がすべて二階建てで、その繁昌ぶりがうかがわれる。

この十文字温泉も戊辰戦争で焼かれ、明治三年（一八七〇）深堀村に再建されたが、これも明治三十九年の大火で焼失し、翌四十年、現在の地に再建された。

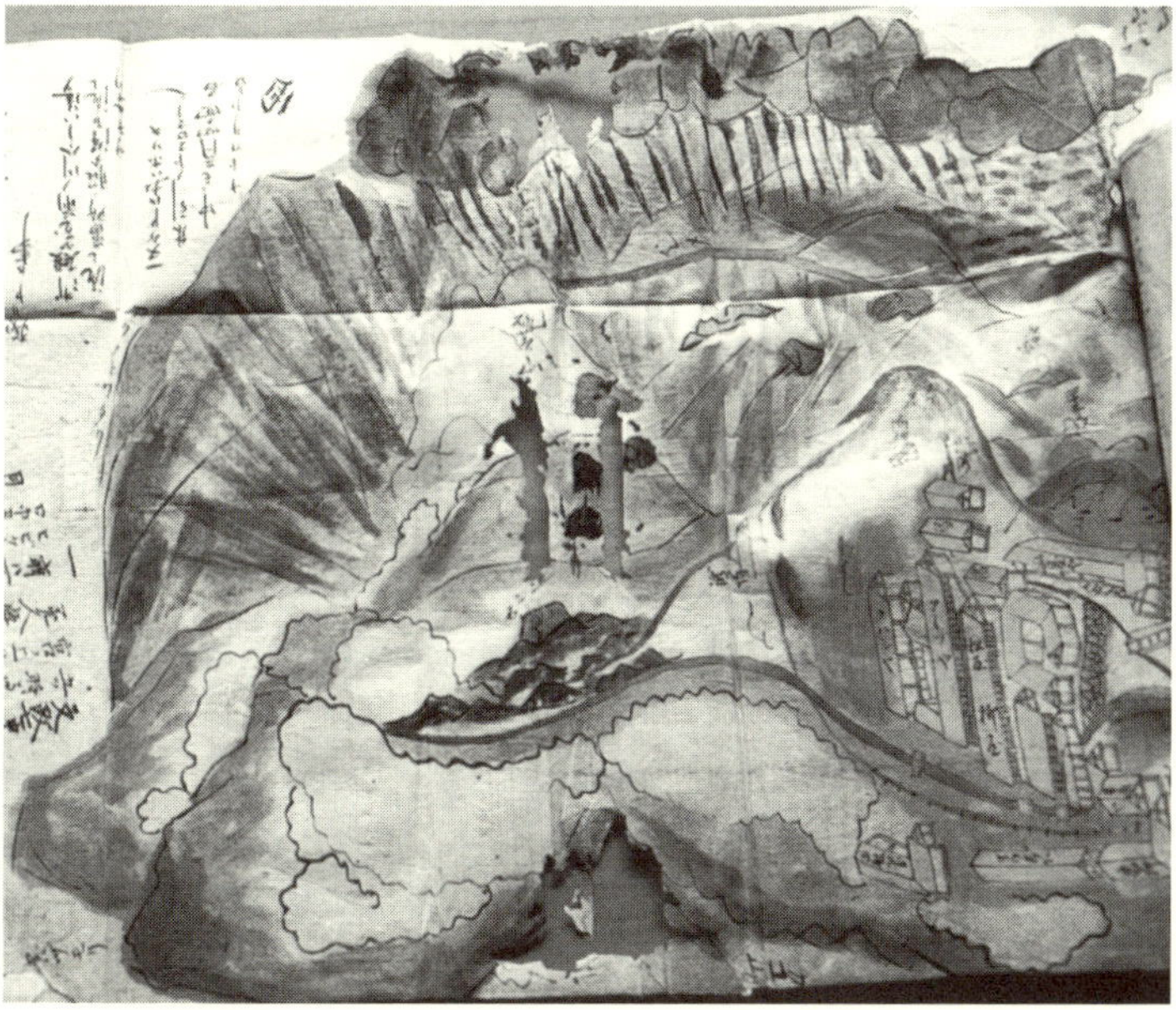

陸奥嶽山略図
（福島県文化振興事業団・歴史資料館蔵）

これも二本松

お国自慢 これぞ二本松藩の酒

二本松自慢の酒をちょっとだけ紹介

上撰　藤乃井

有限会社佐藤酒造店
TEL0249-22-1763

奥の松　上撰醸造

奥の松　全米吟醸

奥の松酒造株式会社
TEL0243-22-2153

宝開運　金紋酒

開運酒造株式会社
TEL0243-33-3939

金寶　優撰自然酒

仁井田本家
TEL024-955-2222

清酒大七

大七酒造株式会社
TEL0243-23-0007

千功成　金瓢

千功成　純米酒

株式会社檜物屋酒造店
TEL0243-23-0164

上撰　笹の川

笹の川酒造株式会社
TEL024-945-0261

黒人気　純米吟醸

赤人気　伝統酒

人気酒造株式会社
TEL0243-23-2091

雪小町　本醸造

雪小町　純米酒

有限会社渡辺酒造本店
EL024-972-2401

第三章 藩体制の動揺と藩政改革

財政窮迫するも、赤子生育制度など福祉政策にも取り組んだ。

1 藩財政窮乏と農村荒廃

あいつぐ災害・凶作や重税による農村荒廃は、人口の減少となってあらわれる。年貢・諸税の収納の減少、幕府の公役負担により、藩財政は窮迫した。赤子生育制度はその中で始められた、他領に先駆けたものだった。

藩財政の窮乏――御手伝普請（公役）の負担と災害

藩財政は二本松入部当初から窮迫していた。二本松城・郭内・城下町の整備拡充に莫大な出費を要し、正保二年（一六四五）の大旱魃の被害、明暦三年（一六五七）の大火による江戸城石垣普請（公役《くやく》★）の出費もあり、寛文十二年（一六七二）十二月、幕府から金二万両を拝借した。その返済には預かり所である守山御料一万五千石余からの物成《ものなり》・浮役《うきやく》など五カ年分を借りてあてたい（十年賦返済）と願って許可されている。しかし御手伝普請（公役）はその後も数多くあり、財政再建にはほど遠かった。

天和三年（一六八三）の日光東照宮の公役は、五月の大地震による破壊箇所の修補で、六月から総奉行江口三郎右衛門以下、奉行・諸士・小役人・軽卒の計三

▼公役
幕府が課した軍役・夫役。

六三人、木工・鍛冶・石工・人夫とも計一三五〇人が派遣され、工事は十一月までかかった。元禄十六年（一七〇三）十一月からは、大地震で破壊された江戸城廻り石垣修補を命じられ、高百石につき一人の人足を出した。宝永五年（一七〇八）三月には、前年の富士山噴火による降灰地救済の高役金《たかやくきん》★上納を命じられた。それまでの人足（農民）動員から金銭上納の公命となり、二本松藩は金二〇一四両を納入した。

　享保期には矢つぎばやに六回の公役が命じられた。すなわち享保十年（一七二五）九月、下野国鬼怒川《きぬ》・渡良瀬川《わたらせ》通普請高役金（高百石につき金一両と銀一匁三分）を命じられ、領内各村に割り当て上納。享保十二年九月、再び渡良瀬川通普請高役金（高百石に銀九匁四分、二本松藩の総高は十三万千八百六十石余とする）を命じられ、上納。享保十五年十一月、またも渡良瀬川修補御手伝を命じられ、高役金（高百石に金一分と銀一〇匁）を領内から取り立て。同年十二月、日光東照宮修復御手伝「七万石役高助造」を命じられ、奉行江口三郎右衛門ほか諸士・小役人・軽卒を派遣し、領民からは人足一〇〇〇人を動員し、さらに高百石に金三分の与内金を取り立て。享保十六年十一月と同十七年八月、二度とも渡良瀬川通普請公役の高掛金《たかがかりきん》★（高百石に金一分と銀七匁四分）を取り立て。★

　延享四年（一七四七）十一月、藩としてははじめて遠国での公役となった美濃・伊勢両国川筋普請（川浚い）御手伝の命令を受けた。これ以後藩財政の窮迫は

▼**高役金**
幕府に納める金銭。

▼**高掛金**
藩内の領民に課する金銭。

▼各「藩主年譜」による。以下同じ。

一層深刻となった。領民の負担のあり方も大きく変わった。工事は奉行江口三郎右衛門正保、副として岩井田舎人《とねり》以下七人、ほか諸士・小役人・軽卒を派遣して翌年一月から三月までかかった。領民への高掛金は高百石につき三両に増額され、ほかに藩に対する「御貸上金」がはじめて名目を指定して命じられた。貸上金とは藩主が領民から半強制的に借金することで、ほとんどは返済されなかったのである（火災・凶作など以外）。

その後も、宝暦十三年（一七六三）の江戸増上寺本堂ほか修復御手伝、安永四年（一七七五）の甲斐国川々の御普請公役などがあり、藩財政の窮迫・領内村々の困窮は、天明の大飢饉以前にすでに限界にきていたのである。このような御手伝普請のほかに、藩主やその子女の婚儀、江戸藩邸の類焼、若殿御乗出し（将軍御目見《おめみえ》・叙位・任官）などにかかわる出費も多大で、そのたびに領民への御用金・貸上金・献納金が課されたことも忘れてはならない。

さらに、近世の農業生産は種々の気象災害により、しばしば不作・凶作にみまわれ、そのつど領民はもちろん領主財政も大きな痛手を受けた。二本松藩では、元禄九年（一六九六）から災害・凶作による田畑の損毛高（被害高）が一万石以上あった場合、幕府老中に報告しており、元禄九年以降、天明二年（一七八二）までの間に一万石以上の損毛が二〇件、中でも三万石以上の損毛と報告したのは、宝暦五・七・十三年、明和八年（一七七一）、安永七年、天明二年と、六回もあり、

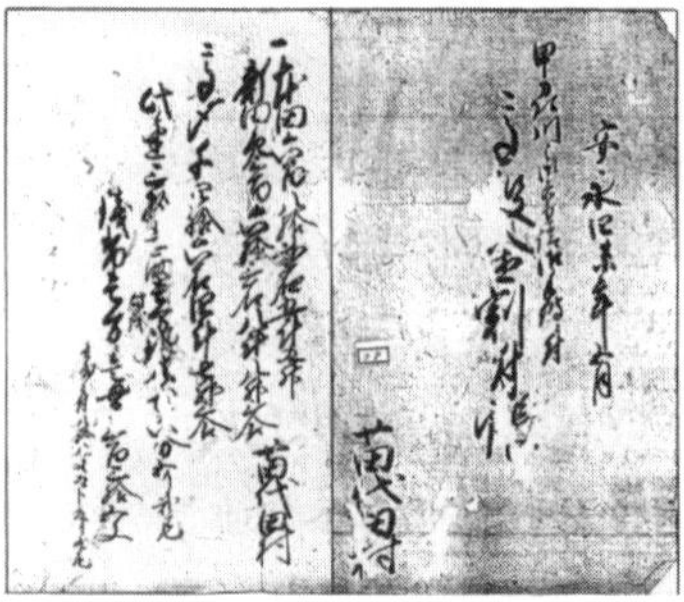

安永４年５月、本宮組苗代田村「甲州川々御普請御手伝ニ付高役金割付帳」
（本宮市岩根・伊藤昭三家文書）

二本松藩は、天明の飢饉以前に、ひどい不作・凶作をたびたび経験し、年貢収納に大きな痛手をこうむっていたのである。

また、不作・凶作に加えて火災・風水害・地震などの災害にも、しばしばみまわれ藩財政が痛手を受けたのはいうまでもない。

農村の窮乏と人口減少――二本松藩の人口動態

近世の領主財政の財源は、基本的には農民から徴収する年貢《ねんぐ》（貢租）であり、それを保証するための農村人口（労働力）の確保と耕地面積の維持は、近世封建社会の最重要課題となる。しかしあいつぐ災害・凶作、藩財政の窮乏打開のための年貢・諸役の増徴、御用金・才覚金・貸上金などの強制が続くと、農村の窮乏は深刻となり、農民は再生産能力と子供の養育能力を失い、人口は減少せざるをえなくなる。

江戸幕府は享保十一年（一七二六）から、六年ごとに各藩の人口を報告させ、これを全国的に集計している（御城下武士・在郷給人・足軽・僧侶・神官・奉公人・非人および公家などを除く）。享保十七年の全国人口は二六九二万一八一六人（男一四四〇万七一〇七人、女一二五一万四七〇九人）であったが、これ以後は人口は減少または横ばいが続き、享保十七年の水準を回復するのは文政十一年

(一八二八)であった。

　同じ享保十七年の二本松藩の人口は、「藩庁事弁録」によれば七万五七四七人(男四万二五五九人、女三万三一八八人)であった。ここで注目すべきは男女の比率で、全国集計では男一〇〇に対して女八六・九、二本松藩は男一〇〇対女七八と女子の割合が低い。女が男より少ないという現象は、農村部ではどこでもみられ、村の窮乏度の深化にともない、間引・中絶などの人口調節がなされ、その対象の多くが女児だったことに起因する(時には口減らしの身売りもある)。すなわち男女の比率は、その地方の窮乏度の指標ともなる。

　二本松藩の人口推移を、「司郡必用」(市川家文書)によって概観しよう。藩の成立から三十四年後の延宝五年(一六七七)に七万九八九四人、その七年後の貞享元年(一六八四)には最高の八万三八五三人を記録した。その後は八万人前後で漸減・漸増をくり返し、元禄十一年(一六九八)を最後にかなりの減少に転じた。延享元年(一七四四)には七万二五八九人にまで減少し、翌年「赤子生育法」を制定し、その施行によりやや回復するが、天明の大飢饉のために激減し、天明七年(一七八七)には六万二八二一人にまで落ちこむ。寛政期は微増、享和・文化期は微減、文政期から漸増していくが、天保五年(一八三四)からの大凶作の連続でまたも打撃を受け、天保十年には最低の六万二四一三人を記録した。

　ほとんどの農村では総体的に減少する。いくつかの村の残存する人別改帳によって確かめよう。安達郡苗代田村（現本宮市岩根）では、寛文十三年（一六七三）の定有人（現住人口）七〇一人（男四〇〇人、女三〇一人）だったのが、享保十三年には六〇八人（男三四五人、女二六三人）、幕末の嘉永四年（一八五一）には五六四人（男二七四人、女二九〇人）となる。同郡仁井田村（現本宮市）では、享保二十年の定有人五四〇人（男三〇〇人、女二四〇人）だったのが、明和二年（一七六五）に五一一人、天明五年に四三六人、文政三年（一八二〇）には三六七人と最低人口となる。同郡裏塩沢村（現二本松市）では、明和五年（一七六八）には定有人六一七人（男三二八人、女二八九人）だったのが、享和二年（一八〇二）には五三八人、天保の大凶作後の天保十二年には四七五人（男二四〇人、女二三五人）と最低人口を記録する。苗代田村の幕末期に、女子数が男子を上まわるのは注目してよい。

宿駅など町場として発展する村は、人口は凶作などの災害とは無関係に増加していく。残存する「人別帳」等によると、郡山上町の定有人は貞享四年（一六八七）には八〇二人であったが、享保十七年に八一〇人、延享五年に九一〇人、享和三年（一八〇三）に一四五五人、天保元年に二〇四二人、慶応三年（一八六七）には二四八〇人と増加する。本宮（南北両町）は享保二十一年の定有人二三八四人だったのが、天保九年には二九六三人に増える。郡山も本宮も江戸後期以後は女子数が男子数をかなり上まわる。

他領に先駆けた赤子生育制度

農村人口の減少は、年貢収納の逓減ひいては領主財政の窮迫を招き、幕藩支配体制の根幹を揺るがすことになる。幕府も東北諸藩も、人口増殖・出生率向上に努め、間引・妊娠中絶を禁ずる条目や告諭を何度も布達する。二本松藩は、享保十二年（一七二七）に各組に布令した「御条目」の第五条で、「子供出生之節男女之訳に依り又は勝手の利を本にいたし、死躰と申なし、不育之者もこれ有る由、不仁至極之致方有るまじき儀に候」（下に現代語訳）と「教諭」しているが、「不《ふ》仁至極之致方《じんしごくのいたしかた》」は一向に止まなかった。

藩の最高人口を記録した貞享元年（一六八四）に比して一万人余も減少した延享二年（一七四五）八月、二本松藩は、幕府や他藩に先駆けて独自の「赤子生育法」を定めた。この年は六代藩主高庸《たかつね》が十六歳で家督相続した年で、「生育法」は種橋成興《たねはしなりおき》（藩士、儒学者）の建議を採用したといわれる。この年七月初入部した高庸は「奥筋古来ノ風俗ニテ、出生ノ子取挙《とりあげ》カネ不仁ノ仕癖《しくせ》モ之レ有ル哉《や》ニ相聞（中略）家老共ヲ以テ郷方役人共へ申付、領内貧民出生ノ子数ヲ以テ夫々撫育《ぶいく》米手当遣《つかわ》シ、生育ノ制ヲ定ム」と諭達した。この趣旨にもとづき、撫育の内容は次のように示された。

「子供出産の時、男女を差別し（女児が犠牲となるのが多かった）、または自分勝手な理屈をつけて、死体で生まれたことにして、育児放棄をする者がいるという。人の道にそむくこと甚だしいやり方で、あるまじきことである」

①十三歳以下の子が三人いて、さらに四子目が出生したら、一カ年に米三俵を支給する。②六歳以下の子が二人いて、さらに三子目を出生したら、一カ年に米一俵支給。③下男・下女を召し抱えるほどの者には支給しない。④出生改め前に死亡した場合は支給しない。

これを確実にかつ効果的に実施させるため、藩に生育係、各代官組に生育才判人をおいて、妊婦改めや出生改めを行い、各村に「出生赤子帳」「被下米《くだされまい》改帳」を作成・提出させた。本宮組苗代田村には延享二年八月作成の「出生撫育覚書帳」が残り、冒頭の「惣百姓口上」で、「御上様より御救米《おすくいまい》下さることは身に余り有難い。懐妊は百石組頭★より注進し、五人組で不仁（間引）のないよう注意する（不仁あれば村八分）。困窮者で子沢山の者は、組合の責任で諸役免除とする」などと誓約している。「生育法」が実施されてから出生率は少しずつ上がり、藩の人口は天明の大飢饉直前（天明三年春）までの三十九年間に三九〇〇人余（五・四%）の増加をみたのである。

しかし天明三年（一七八三）夏に始まる大凶作のため、藩内の人口は天明五年までの間に一万二〇〇〇人余（一六%）も減少したのである。藩は天明六年三月、藩主の御手元金と町在有志の出金を資金とする「改正生育修法」を次のように定めた。

①十歳以下の第一子がいたら、二子目から五斗入り米一俵支給。②三子・四

▼百石組頭＝百石廻り組頭
二本松藩の組頭は、名主一人につき二人ずつ、村民の入札でえらばれる定組頭と、村高百石につき一人ずつ、交代で務める百石廻り組頭とがあった。後者は村民により近い立場で世話役を務めた。

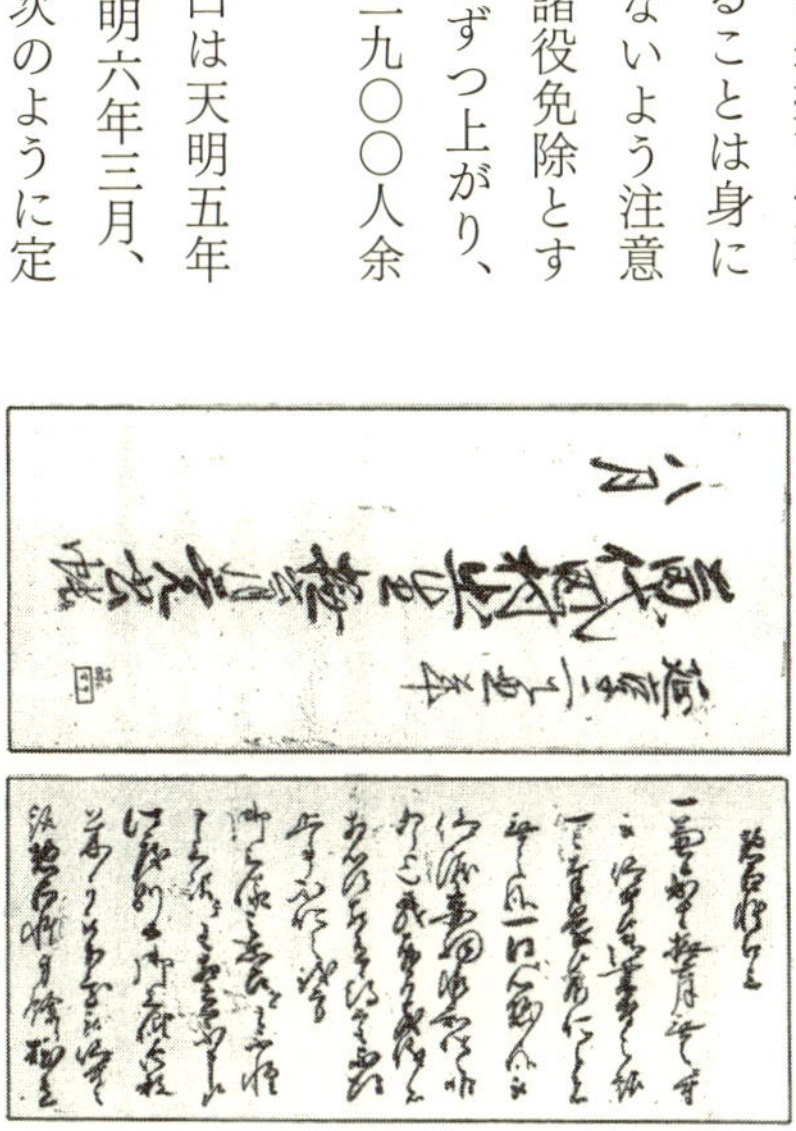

延享二年（一七四五）八月、赤子生育法に対する苗代田村「惣百姓口上」（部分）（本宮市岩根・伊藤家文書）

子目へ、丸二年間半人扶持（玄米一日二合五勺）。③五子以上へ丸三年間半人扶持。④懐妊を知らず奉公に出た後出産し、貧窮で養育困難な者へ三年間半人扶持。

これは献納金のみでは資金不足になるので、その金子を、質物奉公人の身請金、独身者の縁組金、新竃立て資金などとして貸し付け、その利金を米の調達にあてる計画であった。この救米の支給場所は、安積三組が郡山郷蔵場《ごうぐらば》、山ノ内五カ村（現郡山市湖南町）は各村蔵場、本宮・糠沢両組は本宮郷蔵場、杉田・玉井・渋川三組は二本松郷蔵場、小浜・針道両組は小浜夫食《おじき》蔵場であった。人口は天明八年から寛政期を通して徐々に増加していく。享和二年（一八〇二）九月、「赤子生育法」は再改正され、米支給を次のようにすべて金銭支給とした。

①二子出生には、これまでの米七斗に代わり金二分支給。②三子出生には、米二石四斗の代わりに金二両二分を二回に分けて給する。③五子以上出生には、米三石六斗の代わりに金三両を二回に分けて給する。④双子出生には、これまでの米二十四石五斗の代わりに金一八両を、五年間分割して支給する。

しかし文化期に入ってからも間引は止まず、出生数の増加も見えなくなり、藩は文化十一年（一八一四）にまたも改正し、金支給から米支給に戻し、さらに天保三年（一八三二）には再び金支給に戻すが、このときには以前に比べて大幅に減額されるなど、財政難のため制度そのものが立ちゆかなくなっていったのである。

2 享保の藩政改革と百姓一揆

丹羽秀延・高寛に登用された岩井田昨非の改革は最初の藩政改革だが、反発も多かった。二本松藩の百姓一揆は、寛延の一揆が唯一のもので、積達二郡全域に及ぶ大規模なものだった。一揆は「年貢半免」の藩主の約束で終息するが、その約束は反古にされてしまう。

享保の藩政改革とその周辺

二本松藩では、元禄期（一六八八～一七〇四）以降年貢収納が強化され、また旱魃・長雨などにしばしばみまわれ農村の困窮が深まり、一方幕命による御手伝普請の負担が重なり、貨幣経済の進展とあいまって、藩財政の窮迫が進んだ。享保期（一七一六～三六）に入り、八代将軍吉宗《よしむね》による幕政改革が行われた頃、二本松藩でも幕府にならって藩政改革に取り組まざるをえなくなっていた。

四代藩主秀延《ひでのぶ》のもと家老丹羽忠亮《ただすけ》を中心に、香西宜秋・斎藤直道・斎藤富盛・種橋成興・種橋恒香・長屋万副らが、改革政治に乗り出していた。彼らがまず行ったのは家臣からの半知《はんち》借上げ（家臣に支給する俸禄の半分を藩が借り上げる）であった。享保十三年（一七二八）五月、藩主秀延が死去し、養子高寛《たかひろ》（一族の丹羽長道の長男）が五代藩主となる。高寛は丹羽忠亮に引き続き改革にあたらせる。忠亮は親しかった幕府儒官桂山彩巌の紹介で、その門人岩井田昨非《さくひ》（希夷《まれつね》）を招き、改革政治の中心に据えた。昨非は藩主と家老を後ろ楯として、民生・教育・刑律・軍制・税制など藩政全般にわたって改革を実行した。改革に対する家臣団の反発は強かったが、昨非は問題とせず、文武学習推進、綱紀の粛正、税目の新設、年貢収納の的確化、人材の登用などの施策を進めたのである。

昨非は勘定奉行諸田兵四郎の建議により、税種目を増やし、酒運上《さけうんじょう》などの増収を図って領民の反発も買った。さらに半知借上げに苦しむ藩士への倹約強制、上級武士優遇の人材登用策は、反感を抱く藩士を増加させた。なお昨非の後ろ楯であり、改革の中心であった丹羽忠亮は、享保十七年三月、幕府のあいつぐ御手伝普請公役の負担の心労重なる中、三十八歳の若さで没した。

延享二年（一七四五）五月、藩主高寛《たかひろ》が病気のため退隠し、子高庸《たかつね》が六代藩主となるや、浅岡波之助・高根長左衛門・高根八之平・梅原浦右衛門・平島四郎右衛門・原平蔵らが、同年八月不公平な役職登用を批判し、「新補の叙任は宜《よろ》しく文武典備の者を重用すべし」との意見書を上申した。これに対し藩重役らは昨非を弁護し、逆に彼らの禄を召し上げ、下級藩士・農民らの反感をますます強めることになった。他方昨非は寛保三年（一七四三）郡代、延享三年（一七四六）三千石に加増、同四年旗奉行格ついで番頭に昇進する。昨非が藩庁前の自然石に「爾

俸爾禄　民膏民脂　下民易虐　上天難欺」★との戒石銘を刻ませたのは寛延二年（一七四九）三月のことである。しかし、昨非の行った改革は、あくまで藩主財政の再建が主目的であり、農村の復興、産業経済の振興、下級藩士の困窮救済などの理念はなく、寛延二年十二月、二本松藩唯一の百姓一揆が起こるや、家中・農民の反感を買っていた昨非は責任をとり、諸田兵四郎とともに役を免ぜられる。

なお享保十三年十二月、家老丹羽丹波の、家中構成と御備《おそなえ》（軍陣）、家臣の禄高と役職任免、士農商の風儀粛正と節倹などを柱とした政務改革の提言「中上之覚」も、藩政改革の一環と考えられるが、その一部は幕府の享保改革の一つであった「足高《たしだか》の制」にならい、のちに（元文三年）二本松藩の格料・込高《こめだか》として活かされたと思われる。また種橋成興の建策により、延享二年から始められた「赤子生育法」（前述）も享保改革の延長上に位置づけてよいだろう。

享保の信達一揆と二本松藩

享保十四年（一七二九）二月、信夫・伊達両郡内の幕府領八万石の領民が一揆を起こした。前年の享保十三年は長雨の影響で青立ち必至とみられたところへ、秋には暴風雨により大洪水となり、多くの田畑が流れ、砂入りの被害を受けた。二本松藩領でも、七月・八月の大暴風雨により、田畑高一万八千石余損毛、潰れ

岩井田昨非が藩役人への戒めとした戒石銘碑（二本松市・霞ヶ城公園）

▼旧二本松藩戒石銘碑（国史跡）　訓みは「なんじ（爾）のほう（俸）なんじ（爾）のろく（禄）、たみ（民）のこう（膏）たみ（民）のし（脂）なり、かみん（下民）はしいたげ（虐）やすき（易）も、じょうてん（上天）はあざむき（欺）がたし（難）」。武士の俸禄は領民の苦労のたまものであり、彼らをしいたげることを戒めている。

た民家一三四軒、土手切れ・川欠け・道崩れ四六八九カ所、池切れ四四カ所、その他堤切れ・堀切れ・山崩れ等々多数の被害があった（高寛年譜附録）。

各藩では、それぞれ年貢減免等の措置を講じたが、伊達郡川俣陣屋付き三三カ村と信夫郡大森陣屋付き三五カ村、高計八万石を支配していた幕府代官岡田庄太夫は、手代らに厳しく年貢の督促に当たらせ、享保八年に豊作年五カ年を基本として定めた定免制に、さらに五厘増しで年貢を課したのである。農民らは名主・組頭を代表に立てて破免（定免制をやめ検見取とする）を願い出たが拒否され、夫食や種籾までも年貢として上納し、餓死寸前に追いこまれた。十二月には村高百石につき十石の置籾（凶作備蓄）を命じられ（村預かり）、翌十四年二月には、その置籾の半分を上納するよう命じられた。かくて農民たちは、夫食拝借と年貢減免の願いを掲げて代官所に強訴し、聞き入れられないため、福島藩と二本松藩に越訴する挙に出たのである。

二本松藩主の「丹羽高寛年譜」（享保十四年三月）に「幕府領信夫郡の岡田庄太夫俊政支配村々の百姓共が、夫食拝借願いなどで大森陣屋に嗷《ごう》訴し、居村を退散して近郷の私領に逃げ込んだ。三月十九日、小手川俣領十三カ村の内、六カ村の百姓一六五人は、夫食願いの趣旨で二本松城下本町まで逃げて来た」とある。藩も大いに驚き、代官所に願った夫食米は貸し渡すから帰村するよう説得したが、農民らはこのことを公辺（幕府）へ申し立ててほしいと訴え、退去しなかった。

藩は郭内および城下を警備し、江戸の岡田宅と幕閣へ早飛脚で報告、老中の警固命令もあり、吉倉口・針道口・飯野口・内木幡口の四カ所に足軽組を率いた隊士を配置した。四月四日岡田代官が二本松に到着すると、物頭六組、鉄砲一六〇挺、弓二〇張りに目付・捕手らと医師四人を添え、総勢六八四人の藩兵が、大森陣屋まで警護し、その警護は岡田代官が百姓共を吟味する間中継続した。

この結果、一揆の主謀者は次々に捕らえられ、数人は二本松の牢にも入れられたが、欠落、逃散した妻子らは七月十一日に出牢となり、主謀者は閏九月には江戸において死罪獄門二名、遠島九名の処分となり、そのほか多数の同調者は田畑取り上げ所払い、五十日以上の戸締め★、過料などの処罰を受けた。このとき所払いとなった佐原村（福島市の内）の太郎右衛門は、ひそかに江戸に登って目安箱に訴状を投じ、捕らえられて翌享保十五年正月、村の入口で処刑された。

一件落着後の享保十五年六月、二本松藩は信達二郡のうち五万石余を預かり地とする幕命を受け、早速代官を任命して統治した（高寛年譜）。この預かり地支配は寛保二年（一七四二）十一月まで十三年ほど続くが、藩は岡田代官時代の定免制は継続したものの、享保十七、十八年の凶作には二割から四割の減税を行い、農民たちは「丹羽様の御仁政」として喜んだという。

▼戸締め
庶民に科した刑罰。家の門を釘付けして謹慎させるもの。

寛延の領内一揆(1)――一揆の前提と原因、安達一揆

〔二本松藩寛延一揆の前提〕

藩政を揺り動かすような大規模な百姓一揆《ひゃくしょういっき》は、二本松藩においては寛延二年（一七四九）十二月の一揆が唯一のものであるが、注目すべきは、この一揆が寛延二年九月から十二月までの間に、福島県域の各地（幕府領桑折《こおり》代官領、同塙代官領、三春藩・越後高田藩浅川分領、会津藩、守山藩）で続発した「惣百姓一揆」の一環でもあったことである。

二本松藩の寛延一揆は、領民数万人が行動したと伝えられる大規模なものであったが、その行動の様相には、次のように地域による違いがみられる。

①自ら蜂起し、積極的に動いた地域（針道《はりみち》組・大槻組）
②右に同調して動いた地域（小浜組・糠沢組・渋川組・郡山組・片平組）
③ほとんど動かなかったか、または蜂起に批判的だった地域（本宮組・玉井組・杉田組）

針道組・大槻組（特に山ノ内五カ村）が最も積極的に行動を起こした理由としては、これらの地域が冷害・凶作にみまわれやすい自然条件にあったにもかかわらず、多くの村で新検地が行われ、課税対象高が大幅に増えたこと、しかも一揆

前の十数年間に、免率《めん》（年貢賦課率）がアップされた村が多かったことなどが考えられる。これに対し本宮組・玉井組・杉田組の大半の村は、自然条件に恵まれ、農業生産力も高い水準にあり、しかも農業以外の収入がえやすかったのである。

〔一揆の直接原因〕

直接原因は、寛延二年の冷害による不作・凶作にもかかわらず、年貢・諸税が容赦なく課されたこと、領民の窮状にまったく配慮しない「郷方役人《ごうかた》」（郡代《ぐんだい》・郡奉行《こおりぶぎょう》・代官）への不満が高まったことである。この年の作柄は藩記録にも、平年の四割にすぎなかったのに、年貢の減免措置がとられなかったのである（針道組・大槻組）。

〔安達一揆の経過〕

寛延二年「十二月初より、針道組の百姓ども所々の山林に寄騎して飢饉難儀の談合、嗷訴《ごうそ》の企て取々也」（「士農民夢物語」）との動きがあり、折から隣接の三春藩で大一揆が起こされ、「年貢半免（半分免除）」を勝ち取ったとの情報が伝わり、まず西新殿村《にしにいどの》の農民らが十二月十四日、西泉寺に集会して年貢上納の来夏まで延期の願書に署名した。十七日までには針道組全村がこれに加わり「其勢三千余人」が小浜町に向かった。やがて小浜組・糠沢組の村々も同調し、十八日夜には大平村島之内に一万八七〇〇人が集結し、ほかに小瀬川に四九〇〇余人が集まり、さらに渋川組村々からも二〇〇〇人余がくり出したという。

大平村島之内

島之内の一揆勢は、藩主丹羽高庸が派遣した上使を追い返すなど一時激化するが、十九日再度遣わされた上使（松井槇太・平松志賀）に具体的な要求を出した。要求は、①年貢・諸役上納の延期、②運上金その他の雑税と労役の減免、③家中奉公人（出人）の負担軽減、④郷方役人の更迭など一〇項目に及んだ（「積達騒動夢面影」）。

この要求に対し藩は、殿様の「上意」として、①本年の年貢は「半免」とする、②その他の上納米・金は来年六月まで延期する、などの回答を示し、二十日未明一揆勢はようやく解散・帰村する。

寛延の領内一揆（2）——安積一揆と一揆の結末

〔安積一揆の経過〕

東安達の一揆勢が大平村島之内に集結して気勢をあげていた頃、安積郡大槻組の農民も行動を起こす。十二月十八日、まず山ノ内五カ村（現郡山市湖南町）の農民が蜂起し、他村をもまきこみながら三〇〇〇人余が郡山に押し出し、如宝寺《にょほうじ》周辺で夜を明かした。翌十九日には郡山組・片平組の村々も同調し、その勢一万八〇〇〇人余となり、福原・日和田を経て高倉まで進撃した。

藩庁は郡奉行村越酒之丞を高倉に派遣して鎮めようとしたが、村越は一揆勢の猛威の前になすすべなく逃げ帰った。一方、本宮組代官の吉田兵右衛門は本宮宿の長《おさ》百姓らを召集し、安積一揆勢が城下に向かう前に何としても食い止めよと命ずる。長百姓らは、予想される一揆勢の乱暴から本宮宿を守るために、代官の意を受けてその鎮定に動くことになる。その代表が本宮南町の冬室彦兵衛・塩田半兵衛である（「安積安達惣百姓上書」）。

十二月二十日、一揆勢は五百川を渡って仁井田原・荒井三本松（現本宮市）に展開した。この頃二本松城下では「合図の陣太鼓、数カ所の矢倉に鳴渡り」、家中の面々が武装して続々と登城し、城下は騒然となった。一揆勢の一部は本宮宿の酒屋などに押し入り、乱暴狼藉が始まった。ここに至り本宮の長百姓冬室彦兵衛・塩田半兵衛は、決死の覚悟で仁井田原に向かい、一揆の代表らに会い説得する。しかし聞き入れられず、冬室はやむなく仁井田村の名主宅から筆紙を取り寄せ、代表らから願いの筋をすべて聞きとって書き記した。これらを願書とし藩重役に上申すると約束し、時間稼ぎをしたのである（この方策は同じ長百姓の塩田の提案だったという）。これが、二十日夜から二十一日朝にかけての動きである。このとき冬室が願書を書くために腰かけた石は、のちに嗷訴石《ごうそいし》と称され、昭和二十年代まで本宮市仁井田字村山にあったという。

この間に、藩主の上使として町奉行鈴木亦左衛門、郡奉行桑原関左衛門が、東安達の一揆勢に下された「年貢半免」の回答書を持参して到着し、二十一日朝、

寛延の嗷訴石
（本宮市・冬室彦兵衛氏提供）

鈴木は仁井田原の一揆勢にそれを読み聞かせ、さらに冬室彦兵衛らが一揆頭取らから聞きとって書き上げた「惣百姓願書」を、鈴木が城へ持ち帰ることを約束し、農民らもようやく納得して、同日昼までに在所へ引き上げたのである。

〔一揆の結末〕

一揆鎮静後まもなく、藩庁は針道組代官三沢定左衛門、郡代原勘兵衛、郡奉行三浦治太夫ら、領民の不評を買っていた郷方役人を更迭して、農民の批判をかわす一方、「年貢半免」の約束を撤回させる工作を進める。十二月二十四日、まず本宮組村々の名主らに「年貢半免」を辞退するとの上申書を提出させ、それをテコに全領で、村高百石につき金二両の「御救金」下付と引き換えに、すべて撤回させることに成功したのである。

他方、一揆の指導者たちへの弾圧は、翌寛延三年一月から容赦なく行われた。二月針道組の主謀者ら二四人を捕縛したのをはじめ、各地で多数の同調者を捕縛し、種々の拷問にかけて取り調べた。その結果、この年十二月、田沢村の宗右衛門と上太田村の善右衛門が打首・獄門、東新殿村の寿右衛門が死罪となり、その他東安達と安積郡大槻村の者一八人が、田畑・家財・屋敷取り上げのうえ追放・村替・過料人足★などの処分を受けた。さらに騒動参加者の多かった村へは、多額の罰金が科された。農民らの願意の大半は、結局通らなかったのである。

▼**過料人足**
罰則の一種で、公の土木工事などに一定数の労役人足（または代賃銭）を負担させる。

③ 天明・天保の大凶作と藩政改革

大凶作が続き、農村荒廃・財政窮乏が深まる中、何度か藩政改革が試みられた。財政再建は成功しなかったが、乏しい財政をやりくりして取り組まれたいくつかの福祉政策は注目される。九代藩主長富を補佐した家老丹羽貴明の政治は進取的・積極的と評価される一方、浪費・賄賂政治も助長した。

天明の大凶作・飢饉と寛政の改革

天明三年（一七八三）東日本を襲った大冷害は、天明六年まで続き、東北地方は近世最悪の凶作・飢饉となった。

凶作は連続するといわれるが、天明四年以後も二本松藩の不作・凶作は続いた。幕府老中に対する損毛高報告は、天明三年十一月に九万五千石余、同四年十二月に五万二千石余、同五年十一月には六万五千六百四十石余、同六年十一月には八万四千七百石余と記されている。すなわち天明三年から同六年までの四年間は、実に五〇％から九〇％の損毛高で、領民の困窮・藩の財政窮迫は筆舌につくせぬ状況だったのである。天明三年冬から翌四年末までの間に、針道組一三カ村の餓死者合計は七七四人に及んだという（『二本松藩史』）。

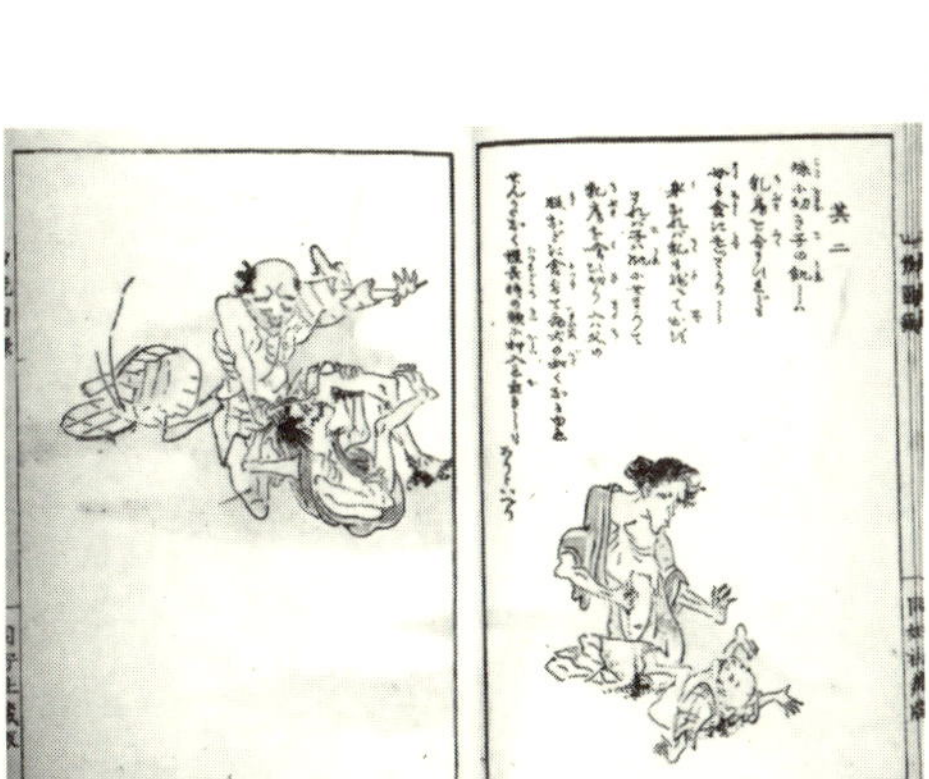

天明の大飢饉、飢えた親子の図
（東京都立中央図書館蔵「凶荒図録」より）

七代藩主長貴《ながよし》と八代長祥《ながあきら》は、老臣成田頼綏（通称弥格、郡代・御用人など歴任）を登用し、農村復興を主眼とする藩政改革に取り組んだ。これが二本松藩の寛政改革である。

長貴は明和三年（一七六六）一月、十一歳で襲封したが、翌四年には二本松城下に大火があり、城下町は全滅に近い災厄をこうむった。明和八年には旱魃により収穫高五万二千四百三十石の損毛となり、襲封の披露と祝いの老中招請の宴は安永三年（一七七四）まで延期せざるをえなかった。この財政窮迫を立て直す方策は例によって倹約令で、安永三年九月に「御倹約御達書」を出し、「家中侍共、贈答・婚礼・嘉儀・衣服・饗応・作事等ニ至る迄夫々に倹約之制これを定め候、依て町在猶又其趣を以申付候」と、家中・町人・百姓の日常生活全般にわたる細かな規則を布達した。天明二年（一七八二）三月には、衣服・婚姻などの華美を戒めた「天明御条目《ごじょうもく》」を定めているが、しかし質素倹約を奨励するのみで解決するはずはなかった。それは天明三年から始まった大凶作・飢饉で、多数の餓死者・病死者・欠落人を出したことで明白となり、以後は具体的な産業振興策・農村復興策・人口増殖策に重点を移さざるをえなくなる。

〔福祉政策〕

年貢収納の確保のためにも人口増殖策は最重要課題であった。天明六年（一七八六）、「赤子生育法」を改正し、現有の子供が十歳以下で二子になる者へ五斗入り米一俵、三子・四子になる者へ二年間の半人扶持支給、五子以上へ丸三年間は半人扶持と、多子褒賞の条件も整えた。これは直ちに人口増加につながるものではなかったが、寛政期（一七八九〜一八〇一）に入ると人口は漸増していく。

寛政二年（一七九〇）七月に出した医療救助令は、町場から遠い無医村に医師を常駐させ、その診療費は無料として藩主御手元金から支払うというものであり、当時としては画期的な福祉政策といえよう。しかし、各地の代官や村々の名主たちは及び腰で、あまり広まらず、寛政八年藩主長貴の死去にともない廃止された。

養老所の設置は、寛政四年一月、元禄期の四代藩主秀延《ひでのぶ》のときに滝沢の地に設置したものを復活したものである。天明の大飢饉のときの餓死・行き倒れの再来を防ぐため、「此度、大壇の地へ助舎（救護所）を再建申付け、身寄《みより》なき孤独の病者・窮民を居住ならしめ扶助せしむ」（「長貴年譜」）こととしたのである。

〔越《こし》百姓移住策〕

藩は天明の大凶作後に急増した潰れ百姓や欠落百姓の「上げ地」に「主付け」させる（耕作者をつける）ため、越後国からの移民を募集することにした。郡山下町の名主小針八弥を係名主に任じ、各組に世話係をおいて、移民を受け入れる態勢を整えた。しかし、移民の費用として藩はわずか一両の貸与金を出すのみで、計画は藩で立てるが、その費用と労力は農民の負担というものであり、移民として安住できる条件が少なく、成功をみることはなかった。

〔産業振興策〕

藩は寛政二年（一七九〇）、馬鈴薯の種を購入し、領内の農事巧者に分与し、救荒作物として植え付けを奨励した。ただし、年貢作物優先の立場から本畑への作付けを許さず、荒地や新開発地に限定したので、あまり普及はしなかったという。また、成田頼綏は天明の大凶作後冷害の危険を分散するため、稲作の制を定め、里方には早稲・晩稲各三〇%、中稲四〇%、山間地には早稲・晩稲は廃してもっぱら中稲を作らせ、特に品種は中稲軽子を奨励し、土地の状況も査察して適当な副業を奨励した。二本松の万古焼、上川崎の紙、平石の畳表、大平の串柿などの隆盛はこれ以来のことで、また各地の養蚕業・馬産も奨励し、農業以外の農民利得の増加を図り、小浜・針道の絹糸市・馬市の創始に努めたという。

寛政八年三月、藩主長貴が江戸の仮邸で没し、同五月嫡子長祥《ながあきら》が八代藩主となった。長祥も引き続き成田頼綏を用い、改革を継続するが、財政窮迫は続いた。不作・災害は続発し、夏成金・三番成金の先納を命ずるなど、税制の綻びも目立ってきた。寛政八年六月には、美濃・伊勢両国の川除普請御手伝を命じられ、高役金一万五〇〇〇両余を上納することになり、領民は高百石につき三両ずつの高掛金を課され、村々の困窮は一層深化した。農村の実質的な救済策は立てられず、またも忍耐と勤勉・倹約を説くに止まることになる。

寛政九年一月、藩は「講並に休日制禁の覚」を布達した。農民たちが長い間慣

藩政改革をすすめた成田頼綏の墓
（二本松市大隣寺。『図説福島県の歴史』より）

習としてきたことを否定し、山神講・権現講《ごんげんこう》・念仏講などの各種講中につき、その参集範囲や時間・場所・飲食などまで細かに制限し、休日・遊日については、季節により日数を減少・制限しようとした。また寛政十一年には、幕府の方針にならい、地芝居を禁じ、さらに村々の祭礼での神輿《みこし》渡御《とぎょ》や太鼓台まで禁じ、種々の木戸興行も禁止または厳しく制限したのである。こうしたささやかな楽しみまで奪われた領民の不満は増大し、そのはけ口を求めてバクチなどの小犯罪に走り、無宿《むしゅく》渡世人《とせいにん》となり農業を離れる者が増えていったのもうなずけよう。

文化・文政期の庶政とその後の社会風潮

寛政改革後、将軍家斉《いえなり》の親政となった文化・文政時代は、幕政の綱紀がゆるみ、江戸町人文化が開花したときである。また全国的に商品経済が進展して各地に新興商人が台頭し、農村にも商業資本が浸透し、本百姓の中に貧富の差が広がり、階層分化が進んだ。こうした社会状況の変化の中、文化十年（一八一三）十一月、九代藩主丹羽長富《ながとみ》が襲封し、家老丹羽貴明《たかあき》を重用して藩政刷新に取り組んだ。領内諸制度の整備、財政再建、農村復興を主目標とし、文武の奨励、藩校敬学館《けいがくかん》の設立、産業の振興、二十五人組の創設などが次々に実施に移された。

文政二年（一八一九）藩主長富は領内を巡見し、親しく農民の生活を見聞した。

その結果をもとに、①八十歳以上の老人に金二分、農業出精者に金二分の褒美金を下付、②民政充実のため郡代・郡奉行の定員増加、③新しい年番名主制の創設などを行った。

新年番名主制とは、安積三組に一名、糠沢・本宮組に一名、小浜・針道組に一名、渋川・杉田・玉井組に一名、計四名を名主頭に任命し、各村名主の上に立つ者として常時組内を廻村し、農業の指導・督励にあたらせるという制度で、役料として二人扶持・金四両を支給した。

さらに藩は文政三年十月、領内各村へ総額三四〇〇両の御下賜金を、極貧の農民の立ち直り資金として下付した。稲沢村「年代記」によれば、その内訳は小浜組・針道組に各三五〇両、そのほか各組（八組）に各三〇〇両、二本松城下に二〇〇両、山ノ内五カ村に一〇〇両であった。翌四年は領内全般の旱魃で田畑とも大被害を受けたが、「不作赦免」（減免）制に加え、この農村救済策もあって農民は窮迫せずにすんだ。このような二本松藩の意欲的な民政への取り組みが、近領へも聞こえたらしく、文政五年十二月、幕府領川俣陣屋支配の八カ村の農民数百人が二本松城下に群集し、二本松藩の支配下に入りたいとの嘆願書を出した。あわてた藩は、江戸に急便を送り、集まった群衆をなだめ、各村代表と頭取三人を残して帰村させたが、頭取らは翌六年江戸で取り調べを受け、二人は牢死、一人は追放の刑に処せられたという（稲沢村「年代記」）。

藩主長富と家老貴明のコンビによる藩政刷新は、文政七年の二十五人組の創設（四三ページ参照）と本宮・郡山の町昇格（次項）、同十一年の新御壁書発布などによる諸法令の統一で一応完了したといえよう。

丹羽貴明は文政三年には家老座上となり、その子富訓も家老職に昇り、父子同時家老という重責を担った。貴明の執政は、進取的・積極的と評価され画期的な事績も多かったが、化政期という文化の爛熟期の影響を受け、やがて華美な浪費政策を展開することになる。城下での大曲馬団興行（天保二＝一八三一年）、芝居の定舞台の造築と江戸の千両役者の上演（天保三年）、遊女町の造成、大手門の移転と大改築などは浪費の典型であった。『二本松藩史』は、「貴明以下三代（子・孫）の政治は進取的積極的ニシテ、華ヤ華、快ヤ快ナリト雖モ、惜シムラクハ玉石同架、是非相半バスルモノ」と記している。

その後は藩政の中枢から末端まで贈収賄が横行した。嘉永七年（一八五四）に安積郡片平村（現郡山市）が出した嘆願書は、当時安積郡一帯では年貢に五分（五％）の割り掛けをして徴収し、余れば藩役人への賄賂にあてているので、止めてほしいと訴えている。また、安政三年（一八五六）の鈴石村「家内ものがたり」は、郡代・城代兼任の重臣丹羽四郎右衛門が「時の富貴を専らといたし……御領内の事何事でも手の内に握り、下々より進物・前内《まいない》（賂）をつかふ者を取立、我が手元を拵《こし》らへ大金持となり云々」と記している。一般庶民の間にまで、藩重

丹羽貴明の墓（二本松市蓮華寺）

職の汚職が伝わっているほど、贈収賄行為が半ば公然と行われていたのである。

郡山・本宮の「町」昇格

江戸中期以降、郡山・本宮・小浜・針道などの在郷町が発達し、そこでは流通経済の拡大にともない、江戸・京都・大坂など全国的な物流集散地と密接な交渉をもつ富裕商人も現れた。中でも郡山・本宮は、諸大名の参勤交代の休泊や人馬継ぎ立て、問屋場の整備・拡大により、旅籠や商店の町並みも発達した。また、全国的な通信・逓送を請け負う京屋・島屋の進出もあり、ますます町場としての機能を拡大し、城下町の特権商人に劣らない資本力をもつ商人も出現したのである。宝暦十二年（一七六二）頃から、藩は幕府の御手伝普請やその他の公務、藩主の臨時的な支出を賄うため、領内の農商からの貸上金・才覚金などの徴収が不可欠となっていたが、郡山・本宮などの在郷商人の財力に頼らねば、藩体制は維持できなくなっていたのである。

郡山・本宮の商人たちは、全国的な商取引の拡大につれ、「村の呼称」では信用度も薄く、不利な取引が多かったことから、文化十二年（一八一五）頃から「村」から「町」への昇格を望み、その願いを幕府に取り次いでもらい、早く許可されるよう藩の要人に働きかけ始めたのである。当時の藩政の中心は、家老座上の丹羽貴明と御用人の丹羽四郎右衛門であり、郡山・本宮の商人らが使った運動費用は、莫大なものであったと思われる。

この熱心な運動が実り、文政七年（一八二四）三月、正規の手続きによる願書が受理され、同年閏八月、ようやく町の呼称を許され、郡山町・本宮町が誕生したのである。村名が町呼称になると村役人の名称も変わる。名主は城下並みに「検断《けんだん》」、組頭と目付《めつけ》を合わせて「町目付」、長百姓《おさびゃくしょう》は「長町人」となり、これまでなかった町年寄《まちどしより》を新たに立てることになった。町年寄は格式は検断より上位で、検断の相談を受け、重要事項の決定には町年寄の承諾が必要であった。

こうして村役人は一段と格式が上がり、例えば役所に参上するときの袴着用、人別改めを座敷で受けることなどの形式上の変化のほかに、商業取引上の信用度、他町との付き合い、町民の意識の昂揚など、目にみえない利益がもたらされたのである。本宮も郡山も、町の両端には木戸門が設けられ、日中は開かれ、夜間は閉めるようになり治安が強化された。なお郡山では、町昇格を記念して麓山《はやま》公園を造り、これを「共楽園」と名づけ、今日まで市民の憩いの場所となっている。

天保の大凶作

天保四年（一八三三）から東北地方は再び大凶作にみまわれる。天明の大凶作

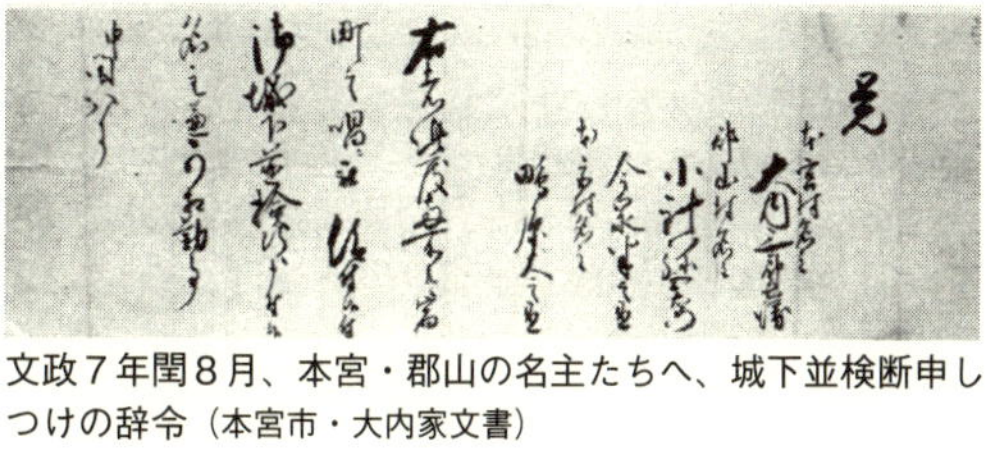
文政7年閏8月、本宮・郡山の名主たちへ、城下並検断申しつけの辞令（本宮市・大内家文書）

（一七八三）からかぞえて五十一年目にあたる。二本松藩領では、この凶作・飢饉は、天保九年まで六年間続いた。

天保八年の端境期には多くの死者を出した。鈴石村「家内ものがたり」は、天保八年の伝え聞いた状況を次のように記す。「酉の年（天保八）の春になりければ、諸くわん進（勧進）・物貰ひ、道之端、川のほとりに行倒れ死する者数しれず。……子持女は米をくわざれば乳出ずして、母の乳房を喰切る故に、せんかたなく其子を長持《ながもち》之内へ入て死なしたと言ふあり。或は馬や犬の肉を喰ふもあり、又夫婦ぐらしの者が、夫死したれば女房其の肉を喰ふたと言ふ恐ろしき咄《はなし》あり」。

二本松藩領全体の人口は、天保五年の六万八八〇三人から、天保十年には六万二四一三人と六三九〇人（九・三％）も減少しており（「司郡必用」）、それは飢死に・病死・欠落が主な原因と考えてよかろうか。

天保四年（一八三三）一月、二本松藩は穀物の移入を許し、移出は禁止するとの布令を出した。天保二年・三年と不作が続き、本年も不作となれば、米穀不足、米価高騰ひいては飢饉を招くと判断したのである。

同年夏に入って天候不順が続くと、藩は民間にある穀物の保有量の調査を開始した。調査対象は、穀物商から一軒一軒の農家に及んだ。八月六日、郡代《ぐんだい》の丹羽四郎右衛門・羽木権蔵が徒士目付《かちめつけ》を連れて本宮北町本陣に宿泊し、本宮両町の保有米を調べている。このとき、南町の商人二人が当座の儲けにひかれ、他所へ白

天保の飢饉の図
（東京都立中央図書館蔵「凶荒図録」より）

米五五俵を高値で売却したのを咎められ、両人とも戸締めの処分を受けた。さらに同月二十七日には、上席家老丹羽貴明が郡代二人と郡奉行《こおりぶぎょう》丹羽巻耳を引き連れて、有穀調査を行い、本宮南町本陣に泊まっている。上席家老自らが実地調査に歩くなど前代未聞のことであった（糠沢直之允「天保凶作の記」による）。

天保七年はひどい冷害で、領内全域で田方の収穫は、平均して例年の二四％しかない状況であった。藩の財政は枯渇し、天保四年時のような救済法は採れなくなっており、結局救済は村々の富農・富商の拠金に頼らざるをえなかった。藩は救済米金を拠出した富農・富商に対し、苗字帯刀御免をはじめ、数々の「御称誉」を乱発したのである。

化政期以降顕著となった政治腐敗も領民を苦しめた。天保九年も天候不順で、各地で不作検地を要請して減免を願うことになったが、検地役人らへの接待費が嵩むので、検地を辞退する村も多かったという。また藩の勘定奉行を務めた村島清右衛門の「村島翁見聞記」は、天保七年凶作のとき「穀留番所が設置された。しかし番所の役人は、身分の低い同心目付や徒士《かち》目付なので、贈り物等を指し出すと、米穀の輸出はどのようにでもなり、穀留は徹底しなかった」と、賄賂による出穀の見逃しを指摘している。

④ 二本松藩の学術と庶民文化の展開

儒学、中でも、古学派・陽明学派・実学派・折衷学派の影響を受けた人たちが藩政改革にたずさわった。

農民・町人たちの間では国学が広まっていった。

藩校敬学館は九代長富の時に設立された。

二本松藩の儒学・国学

二本松に入部した初代藩主丹羽光重《みつしげ》は、領内支配機構の整備を急ぐ一方、家臣・領民の教化にも意を用い、学問の興隆に努めた。京都花園寺の太嶽《たいがく》和尚（松岡寺を開く）、黄檗《おうばく》宗の帰化僧高泉《こうせん》和尚（珊瑚寺を開く）を招き、また公儀法度《はっと》に背いたとして丹羽家に預けられた高野山の僧雲堂法印をして遍照尊寺を創建させ、それぞれに教えを受けた。さらに城下の鏡石寺の呑海《どんかい》、大隣寺《たいりんじ》の全祝ほかの学僧・善知識を城中に招いたり、自ら訪問したりして修学に励んだ。

また光重は江戸在府中、古学派の山鹿素行《やまがそこう》、陽明学派の熊沢蕃山《ばんざん》の教えを受けた。藩士では小川平助（軍学者）が素行の門下であり、家老の和田性水・江口正倫、郡代の黒田倫忠や山岡権右衛門・西崎善行らは蕃山と親交があり、素行の影響も受けたという。

元禄期（一六八八～一七〇四）以降藩財政の窮乏が進むと、儒学ほかの学問は藩政立て直しのための「実際の学」として重視され、直接民政にあたる藩士の中に、積極的に「実際の学」を修める者が出てくる。太宰春台《だざいしゅんだい》（荻生徂徠《おぎゅうそらい》門）に師事した早川智真（吉左衛門）・森村維良（政右衛門）らで、早川は片平組・郡山組代官を経て郡奉行・町奉行を務め、森村は糠沢組・本宮組・郡山組の代官を歴任した。同じ学派の服部南郭《はっとりなんかく》について功利主義経学と詩文を学んだ人には家老江口正道、藩医中野元興らがいる。八代将軍吉宗《よしむね》の享保改革にならい、藩政改革を進めた家老丹羽忠亮、郡代黒田倫忠は、岩井田昨非《さくひ》の登用を、四代藩主丹羽秀延に勧めた。前述の如く、昨非は藩主高寛《たかひろ》・高庸《たかつね》の二代にわたって軍制・刑制・農政・税制などあらゆる分野の改革を行ったが、領民のための農村振興の視点はなく、また強圧政治に対する家臣の反発も強く、寛延の一揆騒動以後失脚する。

岩井田昨非の失脚後、二本松藩では折衷学派の影響が強まる。林信篤《のぶあつ》門下で荻生徂徠の影響も受けた井上金峨《きんが》・豊島豊洲《としまほうしゅう》が、郡代成田正富や稲沢隆伯・高橋質らの働きで、明和期（一七六四～七二）二本松に招請されたという。明和八年（一七七一）藩儒として召し抱えられた岡村君明は、井上と親交があり、天明飢饉後に藩政改革に努めた成田頼綏も井上・豊島の強い影響を受けている。

九代藩主長富《ながとみ》のとき、文化十四年（一八一七）に藩校敬学館《けいがくかん》が設立された。敬学館教授のうち、服部大方・堀江惺斎は林信篤門下の朱子学者、三谷慎斎は幕府儒官佐藤一斎の高弟で、陽明学・経術を修めた人、今泉徳輔は安積郡横塚村の名主で、その篤学により藩命で昌平黌《しょうへいこう》で学んだ人、安積艮斎《ごんさい》は郡山の八幡宮（安積国造《こくぞう》神社）宮司の出で、佐藤一斎・林述斎《じゅっさい》に師事し、のち昌平黌教授となった人である。

国学は、享保〜寛政期（一七一六〜一八〇一）に荷田春満《かだのあずままろ》・賀茂真淵《かものまぶち》をへて、本居宣長《もとおりのりなが》によって組織化・体系化され、地方の特に庶民層に広まった学問である。二本松藩でも、藩士よりはむしろ農民・町人層に優れた国学者が輩出している。当地方での国学《こくがく》の隆盛は、寛政四年（一七九二）に本宮宿を訪れ、一年四カ月にわたり私塾を開いた生駒熊文（常陸国笠間藩士の家に生まれる。国学は荷田春満の流れをくむ）によるといってよい。

本宮地方では熊文に師事して、優れた国学者・歌人となった人が少なくない。すなわち松本茂彦（一七五六〜一八三五）・伊東太乙・小沼幸彦（一七四六〜一八二二）・鈴木広視・糠沢直左衛門・高嶋儀助らで、中でも小沼幸彦は、熊文に影響を受けただけでなく、本居宣長にも師事し、国学と歌道で大成した。著書には、宣長の『古事記伝《こじきでん》』に学んでまとめた「神代系図」をはじめ、白河楽翁《らくおう》（松平定《さだ》信《のぶ》）に賞された「石井《いわい》考」や「加牟豆美庵《かむつみあん》漫吟」「独吟千首和歌」など多数残している。

生駒熊文の自筆の和歌と画像（崐山画）
（『図説本宮の歴史』より転載。本宮市・高橋邦比古氏蔵）

郡山八幡宮の神官で二本松鎮守祠官を兼任した安藤親重（一七五七〜一八三四）も本居宣長の門に入った国学者で、「積達古事談」「安積国名考」などの著書がある。小浜塩松神社の神職伊藤正勝（一七七六〜一八五五）も本居宣長を訪れ、歌道を学んでいる。また文政末期頃、仙台藩浪人大屋士由が二本松に来遊し、領内の村役人層に国学を教授したが、小浜の善方義胤、下長折村の渡辺閑哉らはその影響を受けた国学者・歌人である。二本松藩士で国学を学んだ人としては、中川千尋（一八六七年没）、竹中七兵衛（一八七〇年没）、本田広海（一八七八年没）、安部井磐根《いわね》（一九一六年没）、熊谷鶴城（一八九五年没）らがいる。

藩校敬学館

二本松藩で学校らしきものができたのは六代藩主高庸のときで、宝暦年間（一七五一〜六四）江戸藩邸内に文武学校を設立し、家臣に漢学と小野派一刀流の武術を修練させ、射的場（弓場）・馬場・角打場（射撃場）も備えさせたという。一方国元においては、七代藩主長貴《ながよし》、八代長祥《ながあきら》が藩政改革を進め、同時に優れた学者・武術家を招き文武の興隆に努めた。招聘された人には、八木文淋（文学）・大島丈右衛門（武術）・土生応期（医学）らがいる。こうした好学・好武の風潮を受け継いだ九代藩主長富《ながとみ》は、文化十四年（一八一七）文武学館と手習い所を設立し、これを「敬学館」と称した。敬学館は、慶応四年（一八六八）まで存続した（明治二年、一時再興）。

敬学館建設に特に尽力したのは、家老の丹羽備中、郡代の広瀬七郎右衛門・成田弥儀衛門らであった。また敬学館教授には、堀江惺斎《せいさい》・服部大方（半十郎）、三谷慎斎らが招かれ、医師の中野元興、小此木《おこのぎ》天然も講義を行っている。

敬学館の授業内容は『二本松藩史』によれば、概略次の如くである。

〔一、敬学館の授業〕

①二の日講釈＝月三回、二十歳以上三十歳までの戸主と惣領無足★が出頭。藩の儒者が講義。出席者は自ら出席簿に記名。大目付一人、世話役二人が監督に当たる。②七の日講釈＝月三回、番入り★前の惣領無足十五歳から十九歳までが出頭。藩の儒者が講義。記名・監督者前と同じ。③四九の会＝月六回。学館の各儒者家塾の生徒で四書五経修了者が対象。講師は学館儒者および世話役総出役。出席者は世話役の指示で、主に春秋・左氏伝を素読・講義し、全員で討論する。可否は学館儒者が決する。正午より開会。時に藩主の臨席もある。④復読会＝月三回。学館儒者が自分の塾の生徒に四書五経を講読させる。⑤春秋の試験＝年二回。回ごとに二日間。四九の会の出席者はすべて受験。科目は、一日目和文漢訳・漢文和訳。二日目は詩文。時間は朝五ツ時から点灯時まで。監督者は儒者・世話役総

敬学館に掲げられていた扁額（丹羽長富筆）
（上は二本松市歴史資料館蔵、下は復刻、二本松南小学校蔵）

▼惣領無足
知行地を持たない下級藩士のこと。惣領は家督を継ぐべき嫡子のこと。

▼番入り
藩士の子弟が成人すると一番組から八番組までの組に編入され、番頭（戦闘隊長）の指揮に入る。このことを番入りと称する。

出役。大目付・御用人・家老が臨検し、優等者を表彰。⑥御詰会＝月三回。出席者は御大身（五百石以上）の相続人で、輪講する。儒者一人臨席。⑦詩文会＝月一回。出席は任意。儒者一人、世話役一人臨席。出題は儒者。⑧書籍総覧＝篤学者が学館所蔵の図書を借覧できる。⑨御城講釈＝月三回。御大身の番入り前の相続人全員対象。学館儒者が講義。大目付・御帳付が臨席。藩主が襖を隔てて聴講する。

〔二、手習い所〕

藩士の番入り前の惣領無足で、十一歳以上がすべて入所し、三カ年修学する。毎日正午から二時間授業。清書は月三回。取締りとして御祐筆が臨席。

〔三、武芸〕

各師範家道場で朝夕二回修練。兵学・剣術・槍術・砲術・柔術等。

〔四、医学〕

漢方は七の日、蘭方は一の日。講師は御典医・御匕《さじ》医で午后の三時間、医師として禄を頂く者対象。

以上のように敬学館は家塾教育の総まとめの施設であった。各藩士の子弟は通常は各家塾へ通学し、学館の授業のある日は本校（敬学館）に出席するのである。家塾として藩が認可していたものは、文学七、武術一三、兵学一の計二一塾であった。学館の運営には、学館奉行・同預かり役および教授二八名、助教四九名が当たった。手習い所を修了したものを、番入り前・番入り後・御大身の三組に分け教育するが、「御詰会」・「御城講釈」への出席は、御大身と藩主に限られたのである。

二本松藩の算学と医学

〔算学〕

近世の算学とは和算《わさん》のことで、江戸時代の日本人が独自の力で創造し発展させた数学である。二本松藩内で最初に普及した和算は、磯村吉徳（文蔵）によりもたらされた。磯村は万治元年（一六五八）二本松藩に召し抱えられ、二本松城内外の重要な用水工事（二合田用水）の造成に貢献し、また出羽国置賜の幕府領検地（元禄四年）に自ら門弟を率いて活躍し、幕閣から高い評価を受けた。宝永七年（一七一〇）没。磯村の門弟には村瀬義益・中沢亦助・三宅賢隆らがおり、彼らにより、藩士から庶民に至るまで算学が普及した。特に毎日の実務の中で難しい計算が必要だった名主層の中に、優れた和算家が輩出した。中でも上長折村（現二本松市）の日向家は、八代仙右衛門が磯村流和算を伝授され、子

二本松藩ゆかりの四人の最上流和算家（寛斎画、田村市船引佐久間一家蔵）上から会田安明、渡辺一、佐久間質（庸軒の父）、佐久間庸軒

孫に受け継がれた。文政二年（一八一九）に高木村（現本宮市）名主となった日向七郎左衛門は、五百川の岩色用水輪ヶ淵堰の造成や、阿武隈川の水を引水する高木用水の難工事の設計・施工に携わった。

磯村流に代わって新しい和算を広めたのは、最上《さいじょう》流の算学者渡辺一《かず》（通称治右衛門）である。渡辺は信夫郡土湯村（現福島市）の生まれ、字《あざな》を貫郷・東岳といい、俳諧もよくした。算学は最上（山形県）の会田安明《あいだやすあき》に学び、会田門下の四天王の一人と称せられた。寛政九年（一七九七）算学師範として二本松藩に召し抱えられ、藩士から庶民に至るまで多数の門人を育てた。

渡辺一以後の最上流は、その高弟佐久間纘《つづき》に受け継がれる。佐久間は田村郡石森村（現田村市船引町）の生まれで、庸軒《ようけん》と号し、最上流の奥義をきわめた。船引町の佐久間家に所蔵される「庸軒門人帳」（四冊）には、幕末から明治までの門人二〇〇〇人余が登載されているが、その門人たちは、田村郡を中心に東安達がそれに次いで多く、西安達・信夫・安積・伊達・双葉の各郡に及んでいる。その出自は、武士・農民・町人・僧侶・神官など幅広い階層が含まれている。

〔医学〕

江戸中期までの医学は漢方が中心であり、儒学者で医師を兼ねる者が多く、二本松藩でも中期に活躍した稲沢隆伯・遠藤大倉・酒井玄輪らの医師は、折衷学派の儒者でもあった。後期になると西洋医学が広まり、藩医にも組みこまれるようになる。民間医は藩の規制を受けつつも、各地域ごとに御用医師として地域医療に従事する仕組みが作られていった。民間医でも、藩医や幕府御用医師のもとで修業して優秀な医師となる者も現れる。例えば本宮の小泉尚賢（天保十四年五月没）は人々に信頼された医師であったが、のち藩主の侍医に取り立てられている。

初代藩主光重に仕えた侍医には、全田甫庵《ほあん》・長野道朔《どうさく》・川村（土屋）宗庵・北村寿庵・大島玄碩らがおり、二代長次の侍医には江馬益庵（禄三百石）・中野杏順・久保宗庵・錦見謙也らが知られる。以後代々の藩主に召し抱えられた藩医はかなりの数にのぼるが、例えば明和三年（一七六六）改めの「霞城武鑑」には、「御側医師」として田村玄庵（禄三百石）以下一〇人、「御番御免医師」五人、「広間医師」四人、「御側針医」二人、計二一人の医師が記載されている。

二本松藩において西洋医学で活躍したのは小此木《おこのぎ》氏と劉《りゅう》氏である。小此木氏の初代屋之は長崎に遊学して外科を学び、宝暦十一年（一七六一）六代藩主高庸《たかつね》の御側医となった。二代貞安は幕府の奥医師桂川甫周《ほしゅう》（蘭方外科）に学び寛政三年（一七九一）御側医となった。三代天然は長崎でオランダ語と医学を学び、さらに蘭館医シーボルトの門に入り（門人帳には記載なし）、臨床実験と解剖学を学び、そこではじめて乳癌の手術に成功したという。帰藩後は許可をえて刑死者の解剖を行い、これをもとに「骨譜」を著した。その子間雅は江戸に遊学し、多くの門人を育て、嘉永六年（一八五三）二本松領ではじめて種痘を実施して成果をあげた。

劉氏の祖は、明朝の滅亡後、長崎に来て帰化した劉一水であり、その五世の孫が二本松劉氏の初代国任である。国任は長崎で外科を修業し、明和元年（一七六四）御側医となった。二代邦英も藩医で、三代気海は長崎でシーボルトに学び原書を読みこなし、父邦英の跡を継いでからは名医の評判高く、劉家は、各地から治療を乞う人で門前市をなしたという（安政七年一月、五十歳で没）。

そのほか、藩で西洋医学の名医とうたわれた人には、小此木天然の門人宇多元徴、その子友信、熊田元鳳、土屋寛信らがいる（以上『二本松市史 第9巻』ほかによる）。

和歌・俳諧の広がり——庶民文化の展開の中で

庶民文化の開花・広がりという点では、江戸中期以降の和歌・俳諧に典型的に現れたといえよう。

〔和歌〕
岩井田昨非《さくひ》の藩政改革以後、二本松藩の学問は朱子学一辺倒となるが、他方、農商の一般庶民の間では、国学・和歌が広まっていった。農民・町人に国学・和歌を学ぶ機会を与えたのは、各地の神官たちであった。安積三十三郷注連頭《しめがしら》で安積八幡宮社家の大原康福（一七三四～六九）、その弟大原康泰（二本松熊野社家を継ぐ）、さらに郡山八幡宮社家（のち二本松八幡宮社家）の安藤親重（一七五七～一八三四）、小浜塩松神社の伊藤正勝（一七七六～一八五五）らは、伊勢松坂の本居宣長を訪ねて入門し、国学・歌学の地方普及に努めた人たちである。一方、本宮の商人の間にも、寛政四年（一七九二）の生駒熊文の来訪により国学・和歌の隆盛をみる。熊文門下には小沼幸彦・伊東太乙・松本茂彦・糠沢直左衛門・鈴木（高橋）広視らがおり、優れた歌作を残した。中でも小沼幸彦は、「加牟豆美庵漫吟」（二〇巻）など多数の歌集・著書を残した。松本茂彦（一七五六～一八三五）も優れた歌人で、茂彦の門人玉井村（現大玉村）の鈴木実蕃が、師の没後その詩文・和歌をまとめて出版した「内本綿庵《うつゆうあん》家集」（三巻）は、後世まで高い評価を受けた。

〔俳諧〕

江戸前期（特に十七世紀後半）の二本松藩の俳壇は、東北地方の中では磐城平藩と双璧をなすといわれるほど盛んであった。安積郡上伊豆嶋村生まれの俳人で、江戸座五哲の一人と称された岸本調和が没したのは正徳五年（一七一五）のことであるが、その頃二本松藩士で活躍していた俳人に江口塵言（三郎右衛門正倫、一七〇〇年没）と水野林元（九右衛門、一七〇七年没）がいる。二人は京都の俳匠松江重頼《しげより》（維舟）の門人で、またともに磐城平藩主内藤風虎《ふうこ》とその子露沾《ろてん》とも文雅の交わりをもっていた。延宝五年（一六七七）内藤風虎が主催した「六百番俳諧発《ほっ》句会《くかい》」には、二本松からも江口、水野のほか、奥田方格（半兵衛）・小沢衆下・日野好元・中井正成・黒川行休（嘉兵衛）らが参加している。

元禄八年（一六九五）、日野文車（尚茂）の編集になる二本松藩としては最古の俳諧集『花蔣《はなかつみ》』が出版された。内藤風虎・露沾父子の発句に始まり、二本松藩はもちろん、領内各地の一般庶民の句が多数選ばれ、領内の学問・文芸普及度の高さを示している。しかし、その後二本松俳諧は影をひそめ、享保末期にはすたれてしまう。藩の財政窮乏による家臣の半知借上げなどが、文芸の衰えにも影響したと思われる。

宝暦期（一七五一～六四）頃から郡山の商人たちの間で俳諧が盛んとなる。磐城平藩主内藤義概《よしむね》の次男内藤露沾から強い影響を受けた磐城湯本の露仏庵沾圃が郡山に招かれたのが契機となり、佐々木露秀らが頭角を現し、安積不孤園《あさかふこえん》と称する俳社が活躍することになる。露秀は明和五年（一七六八）に句集『俳諧三本桜』を自費出版し、さらに寛政九年（一七九七）には、露秀を中心とする安積不孤園社中が句集『蟬塚《せみづか》集』を刊行している。

本宮地方の俳壇の中心となり、大きな影響力をもった塩田冥々（蚕種業、一八二四年没）は、郡山の佐々木露秀の実弟で、母の実家であった本宮の塩田家の養子となった。蚕種《たねし》業として上州・武州・信州を行商して歩き、各地の俳人と交わ

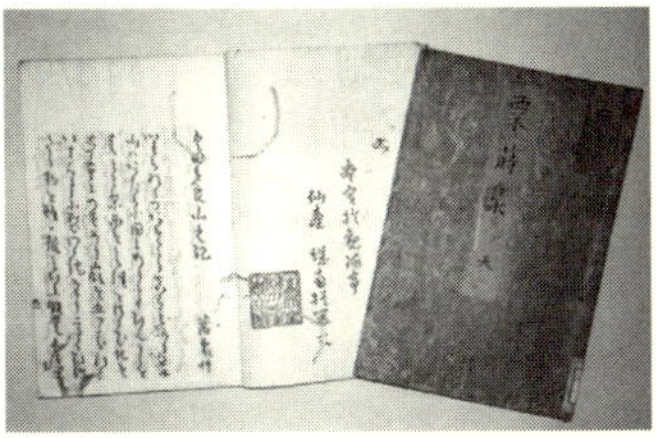

江戸・京・大坂の書肆で出版された塩田冥々編『粟蒔集』三巻のうち「天」の巻（福島県立図書館蔵）

り、やがて江戸の春秋庵加舎白雄《かやしらお》の門に入り、芭蕉《ばしょう》の蕉風《しょうふう》俳諧の復興・普及に努めることになる。享和元年（一八〇一）冥々は代表句集『粟蒔集《あわまき》』（三巻）を編集・出版して高い評価をえた。これには、有名な俳人の句は少なく、多くは無名ではあるが、各地方で優れた活動をしている人の句を採録しているのが特徴である。

露秀・冥々と交流のあった俳人に、二本松の酒造業根本与人（与市兵衛・一八三八年没）や小浜の富商菅野乙調（勘助、一八三五年没）がいる。与人は塩田冥々の高弟で、文政二年（一八一九）句集『黒塚集』を刊行し、二本松俳壇の第一人者として活躍し、全国にその名を知られた。以後二本松藩領では、露秀・冥々・乙調・与人の俳風が受け継がれ、明治前期の俳壇をリードしていく。

絵画と書道

〔絵画〕

文化人の多かった歴代藩主の中でも、初代光重と五代高寛は画に堪能であった。光重は江戸で狩野益信を召し抱え、その影響を受けた。初期に二本松で活躍したといわれる画家井上信朝・山田井水（小兵衛）は光重の代に召し抱えられたと思われる。画業でも知られた藩士としては、五代藩主高寛以降の人で、弓術家原常美

（一七六五年没）、郡代を務めた渡辺敏義（一八一九年没）、藩医杉田粛軒（一八四四年没）らがあげられる。

本格的な画家として知られる人は、民間の出が多かった。根本愚州（通称辰三）は、文化五年（一八〇八）頃小浜（二本松市岩代町）に生まれ、のち大平村（現二本松市）に移った。幼少から画才をあらわし、九代藩主長富に認められ、文政十一年（一八二八）二十一歳のとき、大原文林と共に谷文晁門への遊学を命ぜられた。上達は早く、師の一字を許されて文映を名のり、やがて長崎・鹿児島・熊本等を遍歴して修行した。長崎では帰化僧鉄翁に南画を学んだ。のち藩に呼び戻され藩の抱え絵師となった（一八七三年没）。

根本愚州画・煙雨遇西湖
（本宮市立歴史民俗資料館収蔵）

大原文林（重介）は享和元年（一八〇一）二本松御両社の神職大原家に生まれた。十五、六歳で砲術の免許を受け、砲術家として藩に召し抱えられたが、生来画を好み、その非凡な才を認められ藩主長富の命で、愚州と共に谷文晁の門に入った。文晁はその画才を愛で、一字を与えて文林と名のらせたという。弘化年中（一八四四〜四八）帰藩したが、維新後は椚山村（現大玉村）に帰農した（一八九二年没）。

兼谷陸斎は本宮宿の富商兼谷幸右衛門の次弟で、生年不詳。若くして風雅の道に親しみ、諸国を遍歴すること十余年という。画ははじめ土佐派を学んだが、のち狩野派の門に入って修行しやがて白河の蒲生羅漢と並び称されるに至ったという（一八五三年没）。

なおここで当地方を訪れて、大きな影響を残した著名な画家を若干紹介しておこう。土佐高知出身の南画家中山高陽は、明和九年（一七七二）三月から十月まで奥羽地方を旅し、その記録を「奥游日録」として残しているが、四月六日から十四日まで本宮宿の高倉屋平二郎方に滞在し、本宮・郡山の文化人と交流し、書画・詩文などの指導をしている。白河藩主松平定信に招かれた谷文晁は、何度も県内を廻って多くの画を残し、池大雅も松島見物の途中八丁目（現福島市松川町）に滞在している。白河生まれの蒲生羅漢は、谷文晁の弟子となり大成した。白河藩をはじめ二本松・会津・福島・三春・守山各藩内に多くの門人を育てた。さらに初代安藤広重は、天保期末（十九世紀前半）百目木村（現二本松市岩代町）の渡辺半右衛門宅に立ち寄り「陸奥安達百目木駅八景図」を描き、これを三枚続きの版画に作らせて残した。

〔書道〕

初代藩主光重時代に学僧として名高かった太嶽・雲堂・高泉は、名書家としても知られ、同じ頃藩の祐筆として仕えた根村市左衛門も「双なき能筆たり」と評された。

糠沢村（現本宮市白沢）生まれの国分藤四郎は、糠沢組代官伴覚左衛門にその才を認められ、江戸に出て公儀祐筆佐々木某について御家流を学んだ。その後長

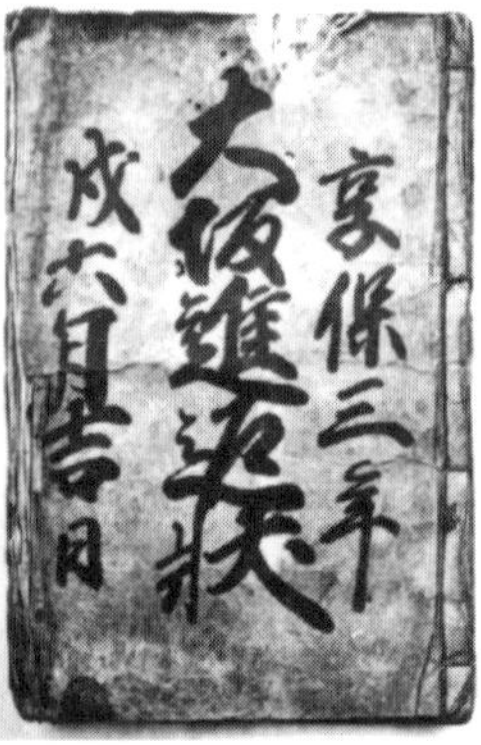

国分藤四郎の書「大坂進返状」
（写真提供・本宮市立歴史民俗資料館）

く公儀物書をつとめたが、その間八代将軍吉宗に手本を奉ったので、藤四郎の筆跡は御留筆となったという。老後は帰郷し、二本松藩から養老料を賜わり、安永四年(一七七五)八十歳をこえて没した。

宝暦・明和期(十八世紀後半)以降の藩内の書家としては、荒木流の大内一覚(藩士)、唐様の高橋質(一八〇四年没)、山本流の橋本英和(藩校教授、一八三二年没)、町人出身の今泉宗献(一八三二年没)、医師の杉田粛軒(一八四四年没)、らが目立っており、さらに幕末期には、石田石叟《せきそう》(一八六八年没)・学(一八九八年没)父子、唐様の丹羽明済(一八五九年没)、御家流の菊池真澄(一九〇四年没)、山本流の杉内万蔵(藩書道師範、一八八〇年没)、寺田儀兵衛(一八七〇年没)など、多士済々の書家が活躍した。

これも二本松

お国自慢
これぞ二本松の名物行事

自慢のお祭りを少しだけを紹介

「霞ヶ城公園の桜祭り」
公園内には1700本の桜が植えられている。5月5日まで。

「ちょうちん祭り」
360年以上の歴史を持つ二本松神社の祭礼。
毎年10月4日～6日開催。

「二本松菊人形」
会場は霞ヶ城公園。10月1日から23日頃に開催の予定。

「あばれ山車」
諏訪神社の祭礼「針道けんか祭り」で起きた、山車のぶつかり合いがきっかけで始まった。毎年10月、体育の日の前日に開催される。

「木幡の幡祭り」
前九年の役で、平氏が雪で白くなった幡を敵勢と見違え敗走した故事が由来。12月の第1日曜日開催。

（写真提供＝二本松市観光課）

第四章 藩体制の崩壊

奥羽越列藩同盟に加盟、少年隊の悲劇もあったが義を通した。

1 開国と二本松藩の対応

開国を機に二本松藩も海防その他の幕命を受け、多事多難となる。
富津砲台警備・水戸天狗党の乱討伐では、藩兵として、多数の農町民も動員された。
これらの軍役を遂行するための多額の費用はすべて領民の負担となった。

青田原などでの軍事訓練

嘉永六年（一八五三）アメリカ合衆国東インド艦隊のペリー提督が浦賀に来航し、武力を背景に強硬に開国を要求し、翌年ついに神奈川で日米和親条約が結ばれ、下田・箱館の二港が開港された。続いてイギリス・ロシア・オランダとも条約が結ばれる。さらに安政五年（一八五八）には日米修好通商航海条約が結ばれ（英・仏・露・蘭とも）、日本は完全に開国し、動乱の幕末期に突入することになった。

開国後の物情騒然たる中、二本松藩は安政二年と翌三年の二年にわたり、藩兵を二つに分け、青田原（現本宮市青田および荒井）において本格的な軍事訓練を実施する。洋式の訓練といわれるが、『二本松藩史』所収の「青田原大調練物語略記」などをみると、戦国末期と変わらない装備と陣立てで行われたようである。軍師は山鹿《やまが》流兵法師範の小川平助（禄高三百八十石）で、戦国期の軍陣思想が柱となっていたのは当然ともいえよう。二本松藩の兵力は、幕府の軍役規定によれば総数三〇九三人となっているが、藩に仕える人数は武士（禄高五十石以上）・徒士《かち》・足軽《あしがる》を合わせても一〇〇〇人前後であり、あとの二〇〇〇人以上は農村から徴集される農兵である。これらを半分ずつに分け、二年にわたり訓練したのである。

この軍勢の本陣および各隊の陣所の建物や小屋は、安積三組と本宮組・糠沢組の村々の負担で建設された。建物の木材は藩の御立林《おたてばやし》から伐り出して運搬し、そのほか竹・縄・菰《こも》などの材料に至るまで、一八四〇人の農民の手を要した。また、建設には一一〇〇人の人夫を使い、本陣二〇間四方一棟、陣所一八間四方一二棟を造成したが、この人夫賃は村々の負担で、四四一貫文の出費であった。監督者（藩役人・係名主）の賄いとして二六五人分の食費も、村々の負担であった。訓練日は十一月二日で、農民は農兵として動員されるほかに、事前の準備と後始末に、秋の収穫や年貢米の調整などで最も多忙な時期に、多大の負担を強いられたのである。

十一月二日に出動した軍勢の指揮官は、奉行＝家老丹羽石見《いわみ》、使番＝大目付植木小十郎・羽木権蔵、軍師＝小川平助、一番隊長＝番頭《ばんがしら》丹羽掃部助《かもんのすけ》、二番隊長

現在の青田原（本宮町荒井および青田）

=同大谷与兵衛、三番隊長=同成田弥左衛門、四番隊長=同本山豊後《ぶんご》であった。翌年には残りの四隊が出動したと思われる。戦国以来の武勇の家柄として名高い二本松藩丹羽家の威風を内外に示すことはできたが、しかし時代は西洋流の新式の武器と戦闘術が重視され、山鹿流の戦国絵巻的な調練などは単なる見せ物でしかなかったのである。

軍事訓練は十年後の慶応二年（一八六六）にも行われた。場所は平石村（現二本松市）仏ヶ平で、元治元年（一八六四）の天狗党《てんぐとう》の乱討伐で実戦を経験した藩が、新式鉄砲を主とした近代戦闘の訓練を企画したのは当然のことであった。藩庫は枯渇し、どんな事業も農商民からの借上金で賄わざるをえなかった藩が、無理算段をして中古のゲベール銃（一挺一両三分）八〇挺を買い入れた。しかし、この銃を必要なものと評価した藩士は、ほとんどいなかったという。

そんな状況を、当時の勘定奉行村島清右衛門（禄高百二十石）は「村島翁見聞記」の中で次のように嘆いている。「ある武術師範は、ゲベール銃などといっても、それは身分の低い足軽が使用するもので、新渡来のカン打ち鉄砲であっても、古来の武衛流などでは使用できないとして、聞き入れない」、そして「軍事訓練を行うにしても、上級の藩士たちは山鹿流の陣立てで、いずれも自分の流儀に固執し、その固陋《ころう》（見聞がせまく、かたくなであること）はたとえようもない……実に後世の物笑いとなるだろう」（意訳）。

富津砲台の警備

十九世紀に入り外国船の来航が頻繁になると、幕府もようやく海の防衛に本腰を入れ、諸藩に江戸湾その他の警備を命ずる。二本松藩も、幕府が諸外国と通商条約を結んだ安政五年（一八五八）から、上総国（千葉県）富津《ふっつ》砲台の警備を命じられる。富津砲台は、幕府が文化五年（一八〇八）に江戸湾防衛のために築造させたいくつかの砲台の一つで、その警備は、文化七年から白河藩→幕府代官→武蔵忍藩→会津藩→筑後柳川藩と交替して任にあたり、安政五年六月に二本松藩が命じられたのである。

藩は安政五年九月、家老丹羽富穀《ふこく》を大将に、以下物頭《ものがしら》二人、隊長五人、兵三〇〇人、大砲隊五〇人（大砲一〇門）、軍監二人、糧食方三三人を派遣した。このほかに富津周辺の預かり領から徴集した農兵一一〇人ほどが加わり、総勢五〇〇人の警備隊であった。この経費を賄うため、富津近辺の幕府領一万一千石（三一カ村）が預けられた。この預かり領を統治するため、二本松藩領内の民政練達の名主を郡方手付《てつき》に任命して派遣した（半年交替）。安政五年九月から苗代田村（現本宮市岩根）の伊藤長左衛門と杉田村（現二本松市）の市川友右衛門の二人が任にあたったが、安政六年二月からは仁井田村（現本宮市）の遠藤源四郎一人となった。源四郎は、この年二月二十三日から十月六日までの詳細な勤務日記と貴重な多くの写生画を残している。なお文久三年（一八六三）二月から任についた青田村（現本宮市）の佐藤東十郎の日記も現存している。

富津預かり領三一カ村の戸口は、家数四一三五軒、人数二万三九〇〇人余で、二本松領に比して人口密度は高く、それだけ豊かな土地柄であった。しかし、ここから徴収する年貢（米三千三百五十二石と銭一一五二貫文）は、すべて幕府に上納せねばならず、小物成《こものなり》その他の雑税（米三百五十二石と金八六九両）だけが二本松藩の収入であった。これだけで預かり領一万一千石の民政と五〇〇人の兵員および砲台・陣場を維持するのは到底不可能で、藩は二本松領民に対して初年度から八六〇〇両の貸上金を割り当て、さらに幕府から五〇〇〇両を借用している。このように二本松領民には重い負担を強いながら、幕府に対する遠慮からか、富津領民からは定額の年貢しか取り立てなかったばかりでなく、「赤子生育法」「不作赦免法」などの施策は二本松藩領と同様に実施している。そのため富津領民は、安政六年十二月、丹羽氏の支配の永続を望む嘆願書を幕府に提出し、のちには丹羽侯の頌徳碑まで建立している。

富津砲台には、一貫目玉筒七挺、五寸径筒二挺、八寸径筒一挺を備えた砲台と、二貫目玉筒五挺、一貫目玉筒一挺を備えた砲台の二つがあった。これに加えて五貫目玉から五十目玉まで、大小一一挺の砲を新造し、弾丸も造って備えたが、新

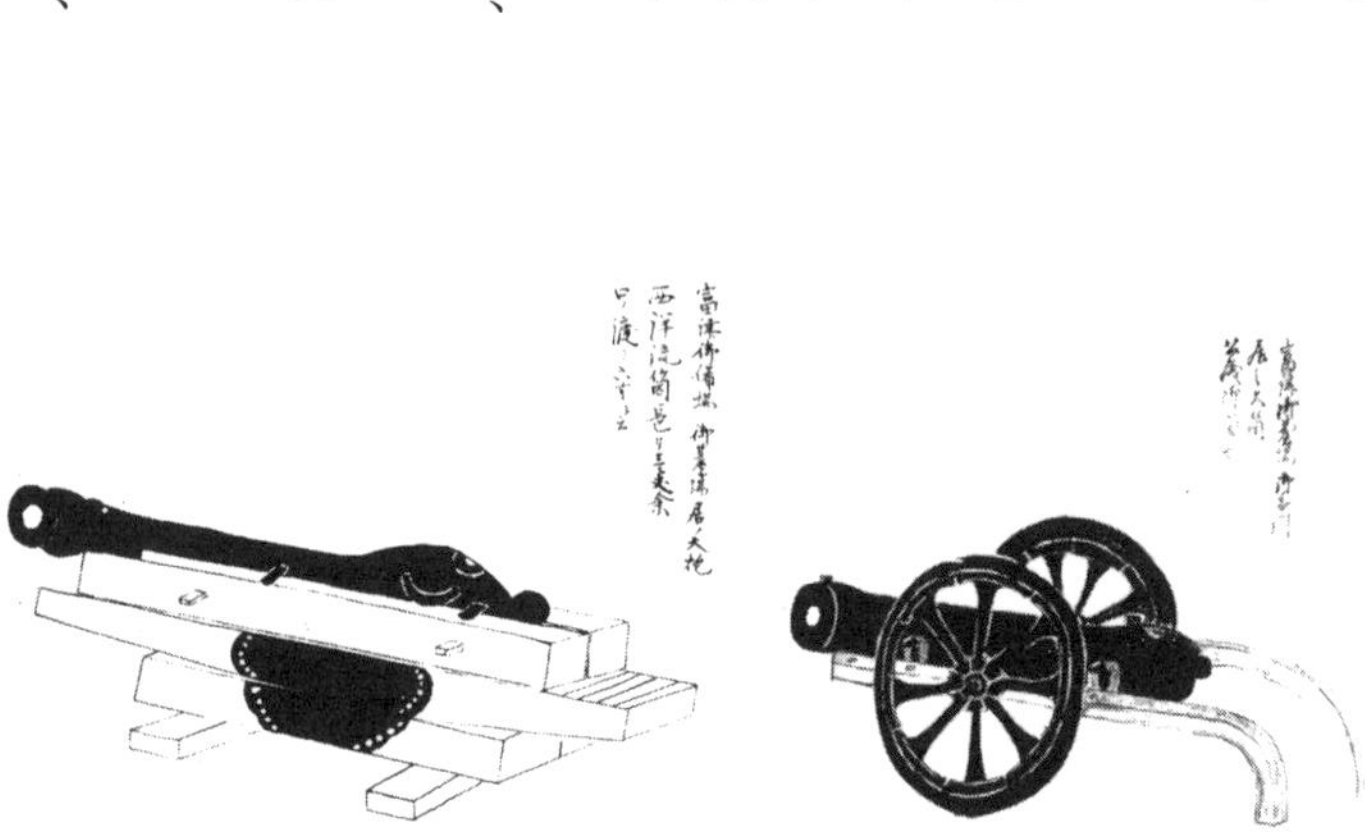

二本松藩が使用した大砲
右が旧式（幕府から預かった）、左が西洋式
（遠藤源四郎画『図説本宮の歴史』より）

造の砲は昔ながらの鋳造品で、近代戦には役に立たないものだったという。

富津砲台の警備は、藩兵を一年交替で派遣し、慶応三年（一八六七）まで十年間続いた。

天狗党の乱討伐（水戸戦争）と京都警衛

元治元年（一八六四）三月、水戸藩の尊王攘夷《そんのうじょうい》派の天狗党が反乱を起こした。水戸藩では、藩主徳川斉昭《なりあき》の天保の藩政改革に端を発し、藩内が改革賛成派（下級藩士）と反対派（門閥保守派）に二分され、身分の低い改革賛成派は、反対派から成り上がり者が天狗になっていると評されたことから、天狗党と呼ばれた。その後天狗党は激派（急進派）と鎮派（幕府派）に分裂し、さらに門閥反改革派と鎮派が結んで諸生党《しょせいとう》★を結成して藩政の実権を握ったので、激派はこの年三月、藤田小四郎を将として筑波山《つくばさん》に挙兵したのである。この反乱は、他領まで、特に日光領まで巻きこむ騒動となり、幕府は関東諸藩へ天狗党討伐を命じ、二本松藩に対しても同年七月、討伐軍派遣を命じたのである。

二本松藩は、富津砲台警備で五〇〇人を超える藩兵を派遣中であり、さらに文久三年（一八六三）三月からは一〇〇〇名余の兵で江戸警衛（五月まで）、同年十月からは九八五人の藩兵で京都警衛に従事（翌年一月まで）するなど、東奔西走

▼**諸生党**
保守派は天狗党の動きを制圧するため、藩校弘道館の学生などを結集した。この学生は「諸生」と呼ばれていたため、以後保守派は諸生党と称された。

中であったが、一息つく間もなく天狗党追討のため一一一人の藩兵を派遣することになった。元治元年八月七日から順次、家老日野源太左衛門を主将に、番頭二名（大谷鳴海・大谷与兵衛）、郡代一名（植木治郎右衛門）らが藩兵を率いて出発し、八月末には青柳の渡しで戦端を開き、九月一日からは常陸太田の警備についた。藩兵一一〇〇人余というが、このうち藩の士卒《しそつ》（士分と足軽）は二〇〇〜三〇〇人ほどで、残り八〇〇〜九〇〇人は農工商民から動員されたと推定される。藩では宛出人《あてでにん》と称して、村高二百石につき一人の若党、百石につき一人の小者を毎年割り当てて出させているが、これが戦争の場合に兵隊として動員されるのである。安達郡仁井田村（現本宮市）の例では、この水戸戦争に若党二人、小者六人、計八人が出征している。

戦いは九月四日から九日までの、土木内の渡し、河合の渡し、留の渡し、竹河原、石那坂などでの戦闘が最も激戦となった。特に九月九日の留の渡しと竹河原の戦いでは、藩士佐倉源五右衛門以下、小頭《こがしら》渡辺喜三右衛門、足軽（猟師）権内・藤十郎、長柄《ながえ》の者★青田八蔵が戦死した。なお、この水戸戦争での二本松藩の戦死者を葬った墓が、常陸太田市の法然寺墓地にあり、市民が現在も毎年供養しているが、この墓碑の下段右端に青田八蔵の名が刻まれている。八蔵は安達郡青田村（現本宮市）から動員された農兵であるが、実は翌元治二年の「青田村人別帳」に八蔵の名があり、その家族の末尾に「父八百蔵常陸国にて死去」と注記があり、

▼長柄の者
上級藩士の長柄の槍を持って従う者。

水戸戦争で戦死したのは父の八百蔵であることがわかった。つまり息子の八蔵の代理として、父親が息子の名前で出征していたのである。水戸戦争は十月下旬まで続き、二本松藩兵が帰着したのは十一月十八日であった。

前述したように、二本松藩は文久三年三月、将軍家茂《いえもち》の上洛後の江戸警衛を命じられ、藩兵一〇〇〇人で五月まで出役したが、同年八月には京都御所の建春《けんしゅん》門の警衛を命じられ、藩兵九八五人で十月から一〇〇日間警備にあたった。このときの莫大な出費にあてるため、藩は文久三年六月、六万両の貸上金を領民に強制的に課している。

京都警衛は慶応元年（一八六五）にも命じられた。水戸戦争から帰った直後の十二月三日、翌年十月からの京都御所警衛の下命があり、藩主丹羽長国《ながくに》は、慶応二年九月江戸に出府して上京に備えた。十月十二日藩兵一〇〇〇人を率いて江戸を発し、東海道を上り、十月三十日から百日間御所朔平《さくへい》門の警備についた。帰藩したのは翌慶応三年一月二十二日であった。このときの費用と、水戸戦争の後始末の費用も莫大となり、藩はまたも前回を上まわる六万五〇〇〇両の貸上金と高《たか》掛金《がかりきん》を領民に賦課したのである。

水戸戦争で戦死した二本松藩士の墓（常陸太田市・法然寺）

これも二本松

仁井田村名主遠藤源四郎の黒船乗船記

安政六年（一八五九）六月六日、二本松藩が警備する江戸湾東岸の富津《ふっつ》砲台のすぐ沖あいの砂州に、異国船（実はイギリス船）が碇泊して騒ぎとなった（実際は引き潮のとき浅瀬に乗り上げて動けなくなったらしい）。すぐ目の前に異国船が動かないでいる以上、警備隊としてはその船の国籍、来航の目的、行き先などを確認せねばならない。そこでその確かめの役が郡方手付の遠藤源四郎に命じられたのである。

遠藤源四郎は武士ではない。二本松藩は、砲台警備の経費にあてるため預けられた富津周辺三一カ村（一万一千石）の統治のため、二本松領内の有能な名主を選び、郡方手付として派遣していたのである。源四郎は安達郡仁井田村（現本宮市）名主で、安政六年二月から当地の民政を担当していたのである。異国船確認を命じられた源四郎は、三人の付き人（武士ではない）を引き連れ、水主《かこ》(水夫)八人とともに嵐の中を「御手船」で漕ぎ出したのである（源四郎の写生画参照）。このとき砲台には正規の藩士が五〇人近く勤務していたはずだが、どういうわけか藩士は一人も乗船していない。

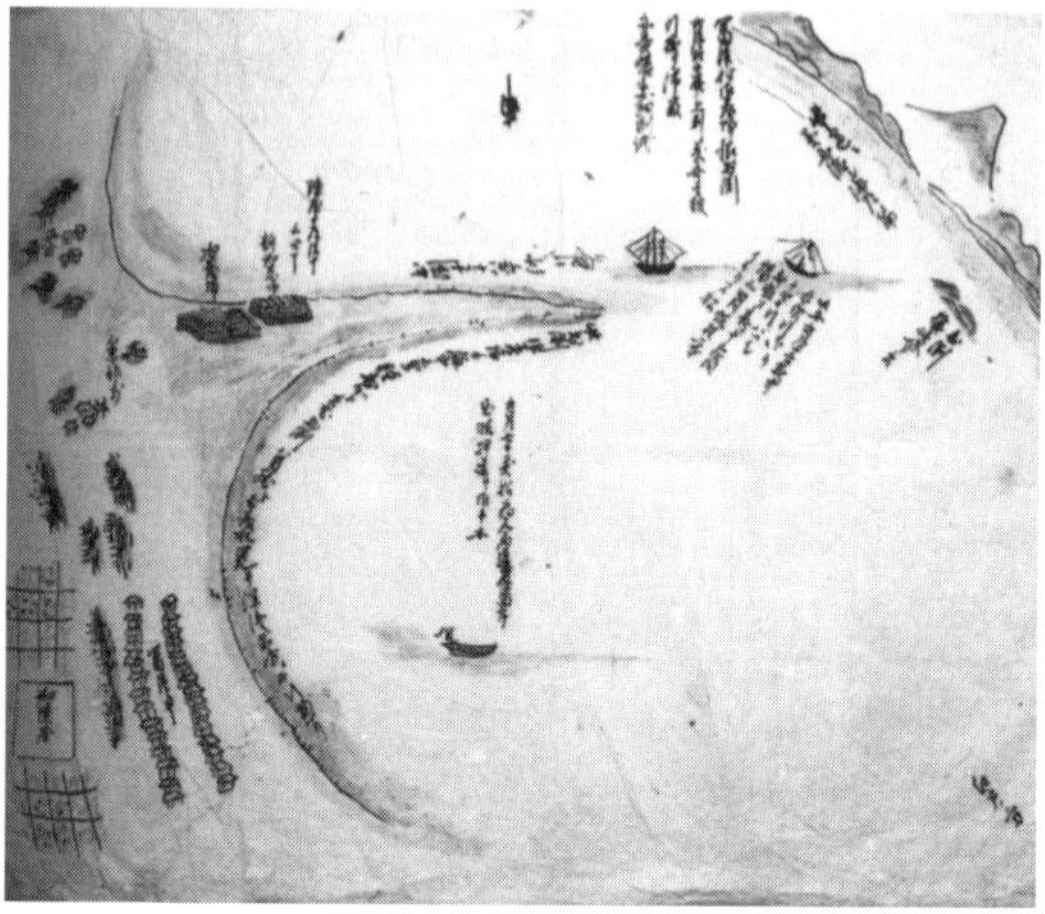

富津砲台の図（対岸は三浦半島。富士山も見える）
（旧仁井田村名主文書）

六月六日の遠藤源四郎日記は、このときのことをごく簡単に記すのみであるが、別に「黒船乗船記」なる史料が旧仁井田村名主（遠藤家）文書に残されている。残念ながら前半部分が欠落しているが、はじめて異国船に乗りこんだ緊張感や応対したイギリス人の様子などが生き生きと描写されていて面白い。簡潔に要約して紹介しておこう。

――風雨の中ようやく黒船に漕ぎ寄せると、乗組員がはしごを降ろし我らの手を引いて乗船させてくれた。奥のほうの光り輝く中に、いくつかの船室があり、その一つに、白い下着、黒の縫詰上着を着、小袴のひだのないものをはき、年四十くらいの赤髪の人物が椅子に腰掛けており、我らをも腰掛けさせ、「ふらすこと猪口《ちょこ》」を出し、「せんべい」のようなものを馳走してくれた。言葉が通じないので、身ぶり手ぶりで応対していたが、そのうちに顔形の日本人によく似た異人が出てきて紙と筆・硯を持参し、「何のためにきたのか」というような手まねをするので、筆をとり「これは何国の御船にて、何国に渡海なられ候哉、此所へ船掛り御難渋之事と存候、江戸表へ渡海なされ候歟」と記してみせたが、向こうは理解できず、我らも向こうのいうことがわからない。そのうち一人の異人が、私が脇差《わきざし》一本しかもっていないのをみて、手まねで、何ゆえ二本の刀を差していないのかと問い、私は侍でないことを身ぶりで答えた。一緒にきた水夫の吉五郎という者が、片言の英語が話せるので、向こうの水夫と話し、この船がイギリス船であることがようやくわかった。我らが異人と同席して腰掛けていると、羽織のすそが雨で大変ぬれているのをみて、何度もしぼってくれたりするので、異人は随分親切なものだと思った。まもなく暇乞《いとまご》いをしたが、異人二人が、我らの降りるはしごを手で押さえてくれ、我らが小船に乗り移り、離船するまで見守ってくれた。

　帰ってすぐ浦賀奉行所に報告すべきところ、その日は大嵐で出船できず、次の日（七日）源四郎一行は御手船で対岸へ渡海し、浦賀奉行所へ報告をし、九日に富津へ帰着している。

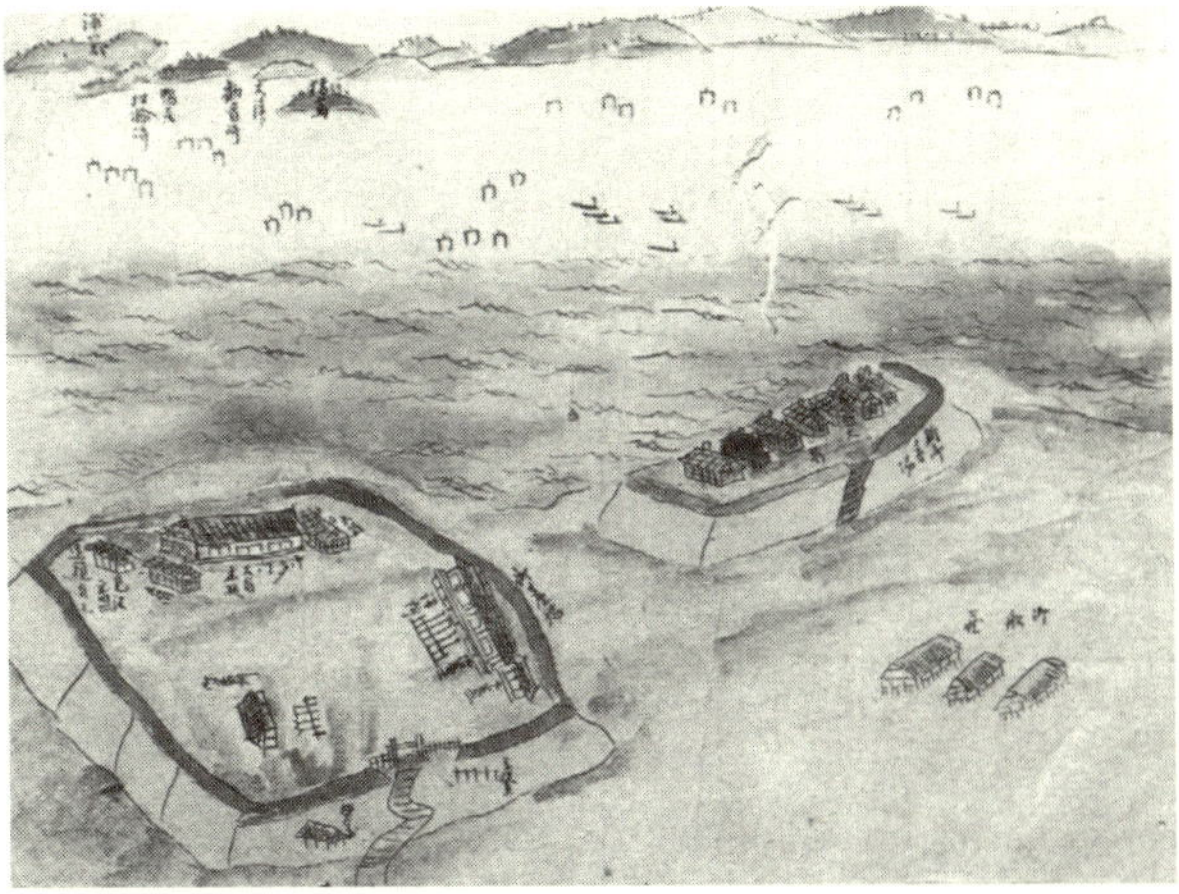

富津砲台の図
（旧仁井田村名主文書）

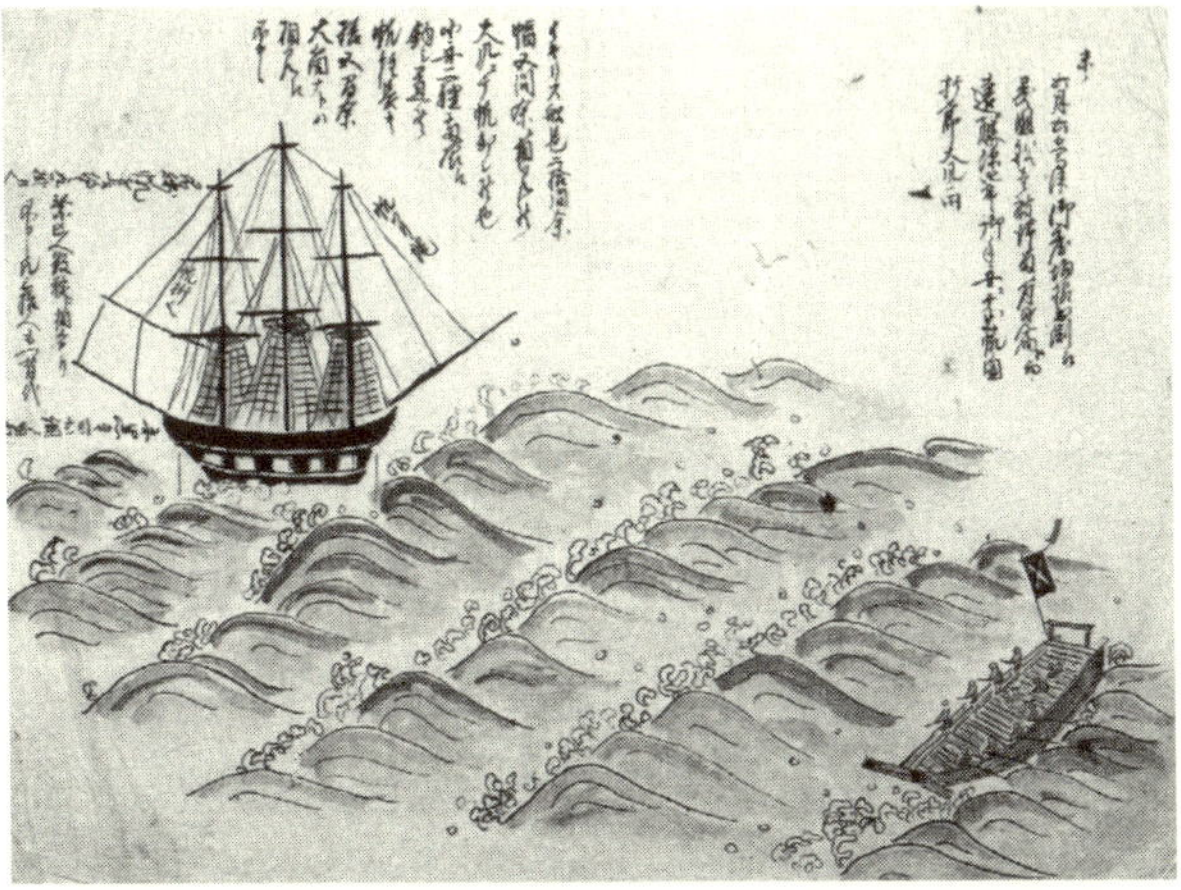

イギリス船に漕ぎ寄る御手船（右下）
（遠藤源四郎画）

これも二本松

ある勇士の苦渋の出陣

元治元年（一八六四）七月、天狗党《てんぐとう》討伐の命を受けた二本松藩は、家老日野源太左衛門を主将とし、番頭（侍大将）二名、郡代一名、物頭三名で藩兵一一一一名の軍勢を組織し、八月七日から順次水戸へ向けて出発した。侍大将を務める番頭二名とは、譜代の重臣大谷鳴海と大谷与兵衛である。中でも大谷鳴海は、武勇の誉れ高い大身の藩士であったが、家臣の半知借上げなどによる生活困窮は大谷家も例外ではなく、出征前の八月三日付で、大谷鳴海は針道村(現二本松市東和町）の富商宗形善蔵宛に、次のような苦渋の書簡を出している。

＜前略―時候のあいさつなど＞

一、質入れしておいた陣太刀大小を、野州在陣中（天狗党討伐戦中）借用いたししたく存じます。戦闘終了して帰ったら早速戻し入れるので、何分承知してもらえたら大慶至極に存じます。万一自分が現地で討ち死にするような事態となったら、代理の者に、右の品もしくは、その金高に見合う品物を返させるよう遺言しておいたので、幾重にも頼み入る次第です。

一、重ね重ね面目次第もなく、何とも申し上げにくいのですが、そこ元と思い無心をいたします。このたび自分は侍大将として出陣するのですが、何分軍用金不足で、そのうえ禄米の手形による金子才覚も困難で、当惑の至りであります。そこで帰陣したら急いで返すつもりなので、軍用金として金六〇両を新たに借用いたしたく頼み入ります。前々からの借財も多大にあるのに、何の面目あってこんな頼みができるかと思うでしょうが、このたびの出陣は一世一代の場所ですので、止むをえず頼み入る次第です。先地で討ち死にするようなら、留守の者にいかなる手段を用いても返却するよう言い置いて出陣しますので、何分お聞き届け下さるなら、草葉の蔭からも感謝申し上げましょう。右の趣くれぐれも頼み入り、ぜひ貴意をえたく存じます。なお委細は使者よりお聞き取り下さい。草々以上

八月三日　大谷鳴海

宗形善蔵殿　内用

番頭の大谷鳴海は、宗形家の好意で何とか出発前に、陣太刀大小を取り戻し、六〇両の軍資金を借用し、八月八日に出陣したのである。彼は水戸戦争において功を立て、討ち死にせずに無事帰還したが、その後宗形家からの借金がどうなったかは不明である。なお大谷は、戊辰戦争に際しては本宮口の戦いや二本松城下での戦いなど、各地の戦闘で隊長として勇戦し、「鬼鳴海」と称された。二本松の落城後も、母成峠の戦いで銃士隊長として西軍を迎え撃ち、最後まで奮戦した。大谷は敵方にも勇将の名を轟かしたので、戦後の新政府陸軍は彼を少将の待遇をもって招請したが、大谷は「我が本意にあらず」として固辞して隠棲したという。明治八年（一八七五）七月没。

② 戊辰戦争と二本松藩

大政奉還がなされたにもかかわらず討幕の戦いは始められた。

二本松藩は奥羽越列藩同盟の主要藩として最後まで新政府軍と戦い幕府への忠節を貫いた。

戊辰戦争は、藩士だけでなく、一般領民にも多くの犠牲を強いた。

鳥羽・伏見の戦いから白河城攻防戦へ

慶応三年（一八六七）十月十四日、将軍徳川慶喜《よしのぶ》は大政奉還を申し出、翌日朝廷に受理された。しかし、岩倉具視《ともみ》・西郷隆盛《たかもり》・大久保利通《としみち》・木戸孝允《たかよし》らの討幕派は、土佐藩の公議政体論★を抑え、十二月九日王政復古の大号令を発し、摂政《せっしょう》・関白《かんぱく》・幕府を廃止し、新たに総裁・議定《ぎじょう》・参与の三職を設置し、新政権の発足を宣言した。さらにその夜小御所《こごしょ》会議を開き、慶喜の辞官納地（内大臣を辞し、領地を返上する）を決定した。この薩長側の挑発に対し、慶喜は慶応四年一月一日に討薩の表を発し、三日鳥羽・伏見の戦いが始まり、戊辰《ぼしん》戦争の発端となった。幕府軍は会津・桑名両藩の兵を中心に一万五〇〇〇人、新政府軍（薩摩・長州）はその三分の一にすぎなかったが、錦旗《きんき》を掲げて戦いを有利に進め、翌四日には

▼**公議政体論**
雄藩大名や民間有力者を集め、権力の統合を図ろうとした構想。討幕派と幕府との武力決戦を避けるため、土佐藩が提起した。

幕府軍の敗北は決定的となった。慶喜は会津・桑名両藩主とともに大坂を脱出し、七日幕府軍艦に乗り江戸に逃げ帰った。この日朝廷は慶喜追討令を発し、さらに十日には奥羽諸藩に対し慶喜追討援助の命令が出される。

二月九日新政府は東征軍（江戸進攻軍）を統轄する大総督府を設置し、東征大総督に有栖川宮熾仁親王《ありすがわのみやたるひと》が任命され、東海・東山・北陸各道の先鋒総督と参謀も任命された。三月には奥羽鎮撫総督（九条道孝《みちたか》）軍を仙台に派遣、四月に入って奥羽諸藩に対し会津藩追討を督促した。閏四月二日、仙台藩が会津境の中山口・御霊櫃口で会津藩兵と戦闘に入ったが、仙・会両軍ともに戦意のない戦いだったという。やがて奥羽諸藩が提出した会津藩降伏嘆願書の拒否（閏四月十七日）、鎮撫総督府参謀世良修蔵《せらしゅうぞう》の刺殺事件（同二十日）などがあって、奥羽諸藩は次第に会津救援に傾いた。五月三日に二五藩による奥羽列藩同盟、さらに五月六日には越後の六藩を加えて奥羽越《おううえつ》列藩同盟が結ばれ、新政府軍（西軍）との対決姿勢が鮮明となった。

東北戊辰戦争の最初の本格的な戦いは白河城攻防戦である。白河城は慶応三年八月、阿部家の棚倉移封後は幕府直轄となり、二本松藩が城番《じょうばん》を務めていたが、慶応四年三月奥羽鎮撫総督軍の仙台到着後は仙台藩の在番となり、二本松・棚倉・三春・泉・湯長谷《ゆながや》の各藩兵とともに守備していた。二本松藩の守兵には、番《ばん》頭《がしら》大谷鳴海《なるみ》、物頭上田清左衛門・中村太郎左衛門、目付丹羽舎人《とねり》らがあたっていた。閏四月二十日会津藩が白河城を攻め取るが、これには守備側の事前の了解があったという。これに対して西軍は二十五日、薩摩・長州・大垣・忍《おし》・土佐ほかの兵で白河城奪還のため攻撃したが、仙台・二本松勢は会津兵とともにこれを迎え撃ち撃退した。この戦いの報告をえた二本松藩は、二十七日藩兵六個小隊を白河に派遣する。指揮官は軍事総裁丹羽丹波《たんば》、銃士隊長丹羽右近《うこん》・高根三右衛門、銃卒隊長土屋甚左衛門・奥野彦兵衛らであった。

五月一日西軍の本格的な奪還戦が起こされ、大激戦となった。東軍は会津兵・旧幕兵・仙台・二本松・棚倉勢で二五〇〇～三〇〇〇人の軍勢で対抗したが、圧倒的な火力を有するわずか七〇〇～八〇〇人の西軍に敗れてしまう。このときの戦死者は、東軍が三五五人、西軍が一四人だったという。以後、東軍による白河城奪還作戦が何度か展開される。五月二十六日の奪還戦では、二本松藩は白河桜町口に高根三右衛門隊、桜岡口に丹羽右近隊、大和田口に成田助九郎隊を配置して戦い、いずれも敗退、六月十二日には、下羽太村より大谷鳴海隊が進撃したが敗退する。六月二十四日には西軍の棚倉城攻撃が行われ、西軍参謀補助の板垣退《たい》助《すけ》が薩・長・土・忍・大垣五藩の兵八〇〇人余を率いて向かい、これを仙台・相馬・二本松・棚倉らの藩兵四〇〇人余が迎え撃ったが敗れ、城を焼いて退去した。

白河城攻防戦は七月十四日（第七次）で終わるが、西軍は六月十六日から九月六日まで次々と増強された。六月十六日、奥羽追討総督正親町公董《おおぎまちきんただ》以下、参謀

白河城跡全景
（『図説福島県の歴史』より）

木梨精一郎（長州）、下参謀渡辺清左衛門（大村藩）らが平潟港に上陸し、以後続々と増援軍が派遣され、小名浜港と相馬中村港へも上陸した。

三春藩降伏と糠沢・本宮の戦い

慶応四年（一八六八）六月十六日から平潟などに上陸した西軍増援部隊は、磐城地方の諸城を奪い、七月十三日には磐城平城を落とした。平城に入った西軍は、ここで軍勢を二分し、一つは浜通りを北上し（海道軍）、もう一つは参謀渡辺清左衛門が率いて磐城街道を二本松に向け進軍する（山道軍）。山道軍は七月二十五日小野新町南方の上三坂（現いわき市三和町）まで進み、これに対して東軍は二本松藩の大谷与兵衛隊二〇〇人余を、安積郡笹川村から小野新町に移して備えた。

他方、棚倉にあった板垣退助は七月二十四日、彦根・土佐・忍・館林・黒羽各藩兵を率いて三春に向かった。同日石川に宿営、蓬田（現平田村）を経由して二十六日三春に達した。三春藩はすでに降伏に藩論を決しており、板垣軍は三春に無血入城した。一方、小野新町に向かった渡辺参謀の山道軍は、守備する大谷与兵衛隊を破り、二十七日三春に入城する。同日板垣軍は本宮へ向け進撃し、渡辺軍も小浜に軍を進めた。

三春に入った西軍のうち、薩摩・土佐の兵数百人は、七月二十七日明け七ツ（午前四時）頃、二本松藩領の松沢・白岩・糠沢村（現本宮市）へ繰り出し、奇襲をかけた。糠沢村城ノ内には二本松藩の樽井弥五左衛門隊（二個小隊）が守備していたが、たちまち壊滅状態となり多数の死傷者が出た。糠沢村の戦いで戦死した二本松兵は六一人、うち藩士卒は二九人、農兵および運輸人夫が三二人であった（戦死者については『二本松藩史』『幕末維新殉難者名鑑』などによる。以下同じ）。農兵の出身村は、白岩村七人、糠沢村六人をはじめ、領内一五カ村に及んでいる。かくして二本松藩は白河派遣軍の総裁丹羽丹波に対し、二本松城下防衛のため引き上げを命じた。当時二本松藩兵の主力は安達郡にはおらず、総裁丹羽丹波をはじめ、大谷鳴海・大谷志摩《しま》・高根三右衛門・丹羽右近・成田助九郎・丹羽主膳《しゅぜん》らの隊は、郡山とその近辺にいたのである。

同じく七月二十七日正午頃、本宮をめざした板垣軍は、黒羽藩（二個小隊と砲）、忍藩（一個小隊）、土佐の断金隊を先鋒とし、本隊の土佐藩（三個小隊と砲）、大垣藩（二個小隊）、館林藩（三個小隊半と砲二門）、彦根藩（三個小隊）が続いた。一部は近道をとり、高松山裏手より高木村を砲撃し、そのために同村の民家の多くが焼かれた。このときの二本松藩の守備隊は、急遽郡山から移動した大谷鳴海隊（二個小隊）と大谷志摩・成田助九郎隊、計一一〇人ほどで本宮中舟場・上舟場を守っていた。糠沢村城ノ内での敗戦を知らない大谷鳴海隊三七人が、阿武隈

糠沢村城ノ内の軍卒合葬塔
（登椰家裏山）

川を渡河し高木村で西軍と交戦しようとしたが、衆寡敵せず、逃れて再び渡河し、仁井田村（現本宮市）名主遠藤源四郎宅で夕食を馳走された。のち苗代田村（現本宮市岩根）を経て、夜中に名倉山裏手を越し、椚山村（現大玉村）を通り、二十八日二本松大壇口に帰り城下の戦いに間にあったという。

　大谷鳴海隊を撃退した西軍は、筏を造り本宮側へ渡河を開始した。渡河中に土佐藩断金隊長美正貫一郎が、本宮南町検断大内家の裏から狙い撃ちされ戦死した。やがて西軍は沓ヶ沢と中舟場への上陸に成功し、市街戦となり、午後二時頃本宮宿を占領した。この夜、西軍二三〇〇人が本宮に宿陣した。この日の戦いで、二本松藩兵三六人（士卒三一、農兵五）が戦死した。

　翌二十八日には、仙台兵・会津兵・二本松丹羽右近隊などが本宮奪回を試み、本宮の江戸街道・会津街道や玉井村などで戦闘が行われた。戦いは午前七時から午後四時頃まで断続し、東西両軍で死傷者約一五〇人にのぼったという。

二本松城下の戦い、そして落城

　七月二十七日夜、二本松城中で大会議が開かれ、降伏か抗戦かで議論が沸騰したが、家老丹羽一学が「降るも亡び、降らざるも亦亡ぶ、亡は一のみ、寧ろ死を致して信を蹈《ふ》まんのみ」（『二本松藩史』名士列伝）と説き、抗戦に一決した。藩主長国は「城を枕に斃れんのみ」との決意を示したが、老臣らの涙の説得により、翌二十八日、家老日野源太左衛門、御用人大谷主米介らの家臣と、城を出て米沢に向かった。二十七日の時点では、軍事総裁の丹羽丹波は帰城せず、各地に出兵していた各隊も帰藩を妨げられ、城防衛の兵力は乏しかった。二十八日中にはかなりの隊が帰藩したが、各地を転戦して疲労困憊した敗兵で、休養の暇もなく防禦体制をとらざるをえなかった。

二十九日西軍の二本松総攻撃が行われた。主力は本宮の板垣軍と小浜の渡辺（清）軍である。小浜の渡辺軍は、薩摩・長州・備前・佐土原の四藩よりなり、朝五時頃出発し、阿武隈川岸の防禦線を破って渡河し供中口に上陸、一隊は高田口に向かった。供中口では二本松藩樽井弥五左衛門隊が迎え撃ったが敗れ、銃卒隊長吉田数右衛門が戦死した。高田口は高根三右衛門隊が守っていたが、これも敗れ、西軍は一気に亀谷町に進み本町に攻め入った。二本松軍は大手口を破られ、守備隊長日野大内蔵《おおくら》が戦死、また愛宕山の防禦を破った西軍は、三森町から竹田門を突破し郭内に突入した。

一方、本宮の板垣軍は、午前六時に薩摩・佐土原・土佐・彦根の四藩兵からなる本隊が出発した。そのほか館林・忍・黒羽三藩の兵は、郡山に駐屯する東軍に備え本宮に残留した。奥州街道を北進した本隊は大壇口を攻撃する。大壇口前方の尼子台に陣取った軍師小川平助の一小隊が防戦し、西軍の前進を一時はばんだが敗れ、小川隊長は戦死した。大壇口の守備隊は二十七日に帰藩した丹羽右近隊であるが、その兵力は、木村銃太郎率いる少年隊（二三人）を加えても一〇〇人余にすぎず、奮戦したが敗れた。少年隊も戦死者八人、負傷者二人を出し退いた。西軍は兵を二分し、一軍は松坂口から直ちに郭内に突入、一軍は滝沢口より城の後背を衝いた。須賀川から間道を迂回して城中に入った二本松遊撃隊が最後の抵抗をするも、隊長大谷志摩が戦死し、ついに正午近く落城となった。

西軍が城内に殺到すると、大城代内藤四郎兵衛は城に火を放つことを命じ、自らは箕輪《みのわ》門外に出て戦い戦死した。城中にいた家老丹羽一学は、副役の丹羽新十郎・服部久左衛門とともに割腹自刃し、城代丹羽和左衛門と勘定奉行安部井又之丞は本城に登り割腹自刃した。この日の戦いでの戦死者（自刃を含む）は、二本松藩士卒一四一人（城内一五、郭内五八、郭外六八）、郷の者（三二カ村の農兵など）六八人のほか、会津兵三四人、仙台兵一六人も戦死している。西軍の戦死者は二二人であった。

城が炎上するのをみた城外の藩士らは、米沢・会津方面に敗走する。軍事総裁丹羽丹波の帰城は二十九日の戦いに間にあわず、会津へ向かった。会津領で国境警備を担当し、のち大谷鳴海・大谷与兵衛らと会い、ともに勝軍山に出兵する。

一方、東軍（米沢・仙台・二本松・山形・上山の各藩）による二本松奪還作戦が八月十七日に計画されたが、足並みがそろわず、二本柳付近の戦闘のみに終わっ

大壇口で奮戦する二本松少年隊群像
（二本松市郭内霞ヶ城公園）

た。

西軍による会津攻撃は八月二十四日と決まった。東軍は大平口・勢至堂口《せいしどうぐち》・御霊櫃口・中山口・母成口に各隊を配して備えた。母成口には丹羽丹波率いる二本松二小隊（銃士隊長大谷鳴海・大谷与兵衛）、大鳥圭介の幕府伝習隊、田中源之進率いる会津二小隊と仙台兵二小隊が守備していた。対する西軍の母成口主力軍は、薩摩・長州・土佐・佐土原・大村・大垣の各隊で編制された大軍で、八月二十日午前八時に二本松を出発、玉井村山入付近で幕府伝習隊などと日没まで戦った。二十一日西軍は右翼隊・中央隊・左翼隊に分かれて進撃し、母成口の東軍を激戦の末破り、会津領に突入した。八月二十三日以後は会津戦争となり、九月二十九日に鶴ヶ城が落城し、東北戊辰戦争は実質上終わったのである。

玉井村山入の戦闘での「戦死者三十一人墓」（大玉村玉井字亀山）

二本松藩の降伏と復活二本松藩

慶応四年（一八六八）八月三日、二本松城を脱出した藩主丹羽長国は米沢城下に入った。一カ月後の九月四日米沢藩は降伏、同日長国は家老日野源太左衛門、用達梅原剛太左衛門、周旋方和田一を、二本松に駐在していた白河口奥羽総督府参謀局に派遣し、謝罪・帰順の誠意を伝えさせ、藩主自身の直書嘆願書も提出した。同十一日嘆願は聞き届けられ、同二十日長国は二本松に帰り、大隣寺《たいりんじ》に謹慎、翌日には藩主夫人と長女も大隣寺に入った。

一方、西軍総督府参謀局の占領下に入った二本松藩領のうち糠沢組・小浜組・針道組の計三四カ村は、八月二十九日、三春藩民政取締に属する通達が出され、安積郡の郡山組と片平組は八月十日、大槻組は九月三日に守山藩民政取締に属した。残る五組（安達郡の本宮組・玉井組・杉田組・渋川組、信夫郡の八丁目組）も、九月二十九日に三春藩民政取締に属すべきことが磐城平民政局より発令された。こうして旧二本松藩の領土と人民は、すべて三春藩と守山藩に帰属し、寛永二十年（一六四三）以来二百二十五年続いた丹羽二本松藩は消滅した。

慶応四年は九月八日に明治と改元された。同年十月五日丹羽長国《ながくに》は上京を命じられ、二本松を発ち、十月二十六日東京へ到着し、前橋藩邸に謹慎した。十二月七日には奥羽諸藩の処分が行われた。二本松藩に対しては十二月二十六日、丹羽長国の養子となった上杉頼丸に改めて封五万石が下賜され、頼丸は同二十七日丹羽長裕《ながひろ》と名を改め、二本松藩の復活が認められた。領地引渡しは翌明治二年（一八六九）二月十日で、支配する村は三四カ村★、石高は正確には四万六千六百九十一石であった。

なお、三春藩と守山藩の民政取締の支配下に入っていた村々は、明治元年十二月下旬に中村藩民政取締桑折《こおり》県と笠間藩民政取締磐城平県に所属することになった。

▼復活した二本松藩の三四カ村は以下のとおり。
○本宮組のうち二カ村＝荒井・本宮。
○糠沢組のうち三カ村＝高木・和田・糠沢の小田部。
○玉井組九カ村＝玉井・上大江・下大江・大江新田・椚山・永田・原瀬・深堀新田・箕輪。
○渋川組九カ村＝吉倉・米沢・沼袋・下川崎・上川崎・小沢・渋川・裏塩沢・表塩沢。
○杉田組八カ村と城下＝油井・上成田・下成田・二本松城下六町・北杉田・南杉田・高越・舘野。
○小浜組のうち三カ村＝大平・平石・西荒井。

中村藩民政取締桑折県の管轄に入ったのは、安達郡一〇カ村（針道組八カ村と小浜組二カ村）と信夫郡五カ村で、笠間藩民政取締磐城平県に属したのは、安達郡三〇カ村（小浜組八カ村、針道組五カ村、糠沢組六カ村、本宮組一一カ村）と安積郡三七カ村である。

復活した二本松藩の新藩主長裕は、明治二年二月十五日国元に帰り、大隣寺を宿所として政府の指令する藩政改革に取り組むことになる。

また中村藩は明治二年一月初め、県官員を任命して桑折《こおり》陣屋に桑折県を開設し、磐城平県はまもなく須賀川出張所を設置し、さらに同年六月には須賀川県と改称した。

これより先、明治元年十〜十一月には、旧二本松藩の生き残りの藩士とその家族たちは、信夫・安達両郡の寺院や名主宅などに謹慎を命じられた。その数は多数にのぼり、例えば二本松の大隣寺・龍泉寺および苗代田村（現本宮市岩根）の龍伝寺の三カ寺と、本宮組の本宮両町および七カ村名主宅などに預けられた謹慎者だけでも五五二人（家中二八二、その家族二七〇）にのぼっている。

復活二本松藩主・丹羽長裕
（『二本松藩史』より）

戊辰戦争と民衆――その犠牲と負担

戊辰戦争は藩士卒だけが戦ったのではない。領民（一般民衆）にも直接・間接に多大の犠牲や負担を強いた。

〔農兵・軍夫の徴発と犠牲〕

戦場に投入される藩兵には、武士・足軽だけでなく、一般領民から徴集された多数の農兵・軍夫《ぐんぷ》（人夫）が含まれる。平時に村高に応じて出させる若党・小者《こもの》は、当然農兵として動員されるし、そのほかに武器弾薬・兵糧の輸送にあたる軍夫も重要であった。『二本松藩史』に記される戊辰戦争の戦死者名簿には、戦死者三三八人の名があるが、そのうち一〇九人は農兵・軍夫の犠牲者である。下の表はその戦場別の人数一覧である。

七月に入ると二本松藩は、各隊に従軍中の農兵とは別に、領内守備の手薄を補うべく改めて農兵の組織化に着手した。棚倉城落城後、西軍の須賀川口からの進攻に備えての郡山宿中心の農兵組織である。上野戦争に敗れてきていた純義隊の吉村要之助を迎えて、結成したといわれる。「今泉久三郎日記」によると、七月二日夜安積三組代官から村々に指令し、大槻組から一〇〇人、片平組から一〇〇人、郡山組村々から一〇〇人、郡山両町から町兵二〇〇人、計五〇〇人を選ばせ、同四日には「両社にて勢揃ひ」したという。この郡山農兵隊は、実際には西軍の郡山進攻はなかったので、自衛自警的な働きにとどまったらしい。

八月以降の動員は、西軍による軍夫徴発となる。「渡辺園右衛門戊辰戦記」には、「八月二十日より二本松城下残らず繰り出し……都合七大名にて数百人の人

農兵など、戦場別戦死者数一覧

戦場別	月日	農兵等種別	人数
白河戦争	5.26	農兵	1
〃	6.2	〃	1
小野新町	7.26	〃	2
糠沢村城ノ内	7.27	農兵または運輸方人夫	32
本宮戦争	7.27	農兵	5
二本松城下	7.29	各隊付農兵	12
〃	〃	農兵または運輸方人夫	56
合計			109

慶応４年・戊辰戦争（『二本松藩史』より）

足を以て、鉄砲・大筒《おおづつ》・小筒を持たせ、弾薬・兵糧の類人馬にて持ち送」ったとある。青田村（現本宮市）の場合、同村からは人夫実数五八人が八月四日から十月三日までの間に動員され、薩摩・長州・大垣・土佐・彦根の五藩の隊に従軍した。日数は最長六六日間、最短は十二日間であったが、だいたいは二本松・若松に詰め、白河・白坂辺まで同行させられた。

【人馬継ぎ立ての急増】

戊辰戦争により各宿駅の人馬継ぎ立てと休泊が急増し、宿駅や周辺農村の負担が過重となった。本宮南町本陣（問屋）の記録（原瀬家文書）によれば、慶応四年（一八六八）閏四月二日から五月十七日までの四十六日間に、人足合計七七五一人（一日平均一六八人）、馬四六一八疋（一日平均一〇〇疋）が動員された（北町本陣・問屋の記録は残っていない）。その多くは、奥羽鎮撫総督軍・仙台藩兵・二本松藩兵などの移動・宿泊のためである。会津進攻が始まった八月二十三日からの人馬継ぎ立ては、雇い主のほとんどが西軍諸藩である。寄人馬（助郷《すけごう》）の負担村は、近くの本宮組・糠沢組だけでなく、安積三組の村々が加わり、さらに三春領や守山領の一部も動員されている。下に、八月二十三日から同三十日までの本宮南町問屋の人馬継ぎ立て日計表を掲げておく。

【才覚金の負担】

かなり前から財政難に苦しんでいた二本松藩が、戊辰戦争の戦費を賄えるはず

本宮南町問屋の人馬継ぎ立て日計表

月日	人足 人	馬 疋
8.23	108	17
8.24	113	2
8.25	54	0
8.26	339	13
8.27	275	馬 10 牛 6
8.28	184	7
8.29	214	41
8.30	73	18

慶応四年八月二十三日～三十日
＊雇い主は大部分、西軍諸藩・総督府だった
（『本宮町史 2』より）

はなく、慶応四年四月七日、領内へ二万八〇〇〇両の才覚金拠出を命じ、四月十一日までに上納させた。それだけでは足りず、同年六月「白川辺へも藩兵を繰り出し、莫大な物入り」ありとして、さらに二万両の拠出を命じた。内訳は、御城下三四四七両（郷士《ごうし》を含む）、杉田組八五〇両一分、渋川組七五七両（郷士を含む）、玉井組六〇〇両、小浜組二三一二両（郷士を含む）、本宮組二四四一両一分（郷士を含む）、針道組二三二八両（郷士を含む）、糠沢組三五〇両、郡山組三九六四両二分（郷士を含む）、片平組六五〇両、大槻組一〇〇〇両、八丁目組三〇〇両、合計二万両であった。この二万両は、五〇〇〇両ずつ四回に分けて上納と定めたが、最後の四回目（七月二十九日）まで上納されたとは思われない。

〔兵火の被害と打ちこわし〕

戦争には兵火や放火による火災がつきものである。七月二十七日の糠沢村城ノ内の戦いで登棚家など三二軒が焼失し、死傷者六〇人余を出した。同じ日、高木村でも砲火により一四軒が焼かれ、仁井田村でも七月二十八日の兵火で一三軒、八七人の罹災者が確認されている。

郡山宿は八月七日未明、会津兵が如宝寺《にょほうじ》付近で発砲・放火し、蔵場・中町をはじめ町中一日大火となり、上町本屋三九三軒、下町本屋一三二軒のほか、多数の被害をこうむった。本宮宿も八月十三日、戦争とは関係なく会津兵の放火で、南町から北町へ類焼し多大の被害が出た。

七月二十九日の二本松城落城後の状況について、郡山宿役人の今泉久三郎は、その日記で「最早政務を司る官吏一人もなく、今夜にも変事が起こることも計り知れず」と危惧しているが、まさに無政府状態となり、民衆のつもりつもった不満が爆発することになる。郡山町では八月一日と二日、御蔵を打ち破り、町役人と質屋・悪徳商人を対象に「打ちこわし」が広がった。やがて周辺農村にも波及し、川田・成田・大槻・下守屋などの村々で、村役人や有徳の者の家が襲われた。八月二日から四日にかけてのことである。八月九日頃からは安達郡の村々へも騒ぎは広がり、苗代田村や玉井村でも名主宅などが襲われ、同十二日には糠沢村でも打ちこわしが起きたという。まさに「世直し状況」が積達地方にも広まったのである。

これも二本松

二本松少年隊の悲劇

戊辰戦争において、十三歳から十七歳までの少年たちが実際に戦い、かなりの死傷者を出した二本松少年隊は、会津藩の白《びゃっ》虎《こ》隊とは違って、一つのまとまった部隊として編制されたものではない。二本松藩では落城目前の切迫した状況の中で、緊急に少年たちを各守備隊に配属したもので、特に隊の名称はなかった。大正六年（一九一七）戊辰戦没者の五十回忌法要が営まれた際、当時の二本松町助役で、戊辰戦争に十四歳で大壇口《おおだんぐち》の戦いに参加した水野好之《よしゆき》（幼名は進）が、『二本松戊辰少年隊記』という謄写版刷りの小冊子を刊行して配布した。これがきっかけとなり、「二本松少年隊」と称されるようになったという。

もともと二本松藩には、藩士子弟の番入り（成人として兵籍に入る）について、独特の「入れ年」という制度があった。原則として数え年二十歳が成人扱いとなるが、十八歳になった時点で成人したと届け出ると番入りを認める慣習で、二歳サバを読むことを黙認していたのである。慶応四年（一八六八）七月上旬、県南各地に部隊を派遣して城下防衛の兵力不足を痛感していた藩は、十七歳までの少年の出陣を許可し、入れ年の制にあてはめると十五歳までが対象となった。三春境警備のため安達郡糠沢村に着陣していた樽井弥五左衛門隊に、十七歳の岩本清次郎・中村文次郎が銃士として、十六歳の田中三治、十五歳の武藤定助が太鼓方として参加しているのは、この措置による。四人のうち、岩本・中村・田中は、七月二十七日未明の糠沢村城ノ内の戦闘で戦死している。

二本松少年隊のレリーフ
（二本松市郭内霞ヶ城公園）

七月二十七日、大軍で二本松に迫る西軍に対し、各地に派遣した隊の帰藩は遅れており、城下を守備する兵力が極端に不足している状況の中で、藩は十五歳までの出陣も許可し、入れ年にすると十三歳までの少年も出陣することになった。出陣した少年たちを年齢別に集計すると、十三歳が一四人、十四歳が一九人、十五歳が一〇人、十六歳が一二人、十七歳が六人、そして兄（鉄次郎）について出陣した十二歳の久保豊三郎を加えると、合計六二人となる。

二十七日中には少年たちは各守備隊に配属された。砲術師範木村銃《じゅう》太《た》郎《ろう》（二十三

二本松少年隊戦死者供養塔
（二本松市・大隣寺）

歳）の門下生を中心とする二三人は、大壇口を守備する丹羽右近《うこん》隊の大砲方として出陣した。隊長は木村銃太郎、副隊長は二階堂衛守《えもり》（三十三歳、大谷鳴海の弟）であった。そのほか先述した樽井弥五左衛門隊の四人、大谷与兵衛隊に入った小川又市（十七歳）・山岡房次郎（十四歳）・松田馬吉（十六歳）、本宮で大谷鳴海隊に配属された小山貞吉（十六歳）・松井官治（十七歳）・久保鉄次郎（十五歳）らを含めて三十数人は、各所の守備隊に配属された。大谷与兵衛隊は城下での戦いまでに帰藩していないので、この少年三人が戦線に参加したか否かは不明である。

　大壇口の戦闘は二十九日朝八時半頃に始まった。攻める西軍は板垣退助《たいすけ》を隊長に、薩摩六個隊と二砲隊、佐土原三個隊と砲隊、土佐三個小隊と砲隊、彦根三個小隊、守る二本松軍は丹羽右近隊の三個小隊と木村銃太郎率いる少年隊二三人、前方の尼子台に藩の軍師小川平助の一隊である。当初は木村隊長の的確な指示のもと、少年隊の砲撃は正確で、しばらく西軍を立ち往生させたが、近代戦法による西軍の包囲態勢はやがて守備隊を圧倒し、少年隊以外の藩兵は姿を消し、激闘一時間半、隊長木村は重傷を負い、撤退する途中二階堂副隊長（のち戦死）の介錯により死去した。

　大壇口の戦闘で戦死した少年隊士は、高橋辰治・遊佐辰弥・徳田鉄吉・岡山篤次郎（以上十三歳）、成田才次郎・木村丈太郎（以上十四歳）、奥田午之助（十五歳）、大桶勝十郎（十七歳）の八人であった。これ以外の戦場での戦死者は、前述した糠沢城ノ内での三人と、大谷志摩隊に属し城門近くで戦死した根来梶之助・上崎鉄蔵（十六歳）、久保丁坂で死去した小沢幾弥（十七歳）の六人で、合計一四人の少年たちが戦場に散ったのである。

　藩主丹羽家の菩提寺の大隣寺境内には、戊辰戦争殉難者群霊塔とともに、一四人の少年隊戦死者と木村隊長・二階堂副隊長の供養塔がある。昭和七年（一九三二）当時の大隣寺住職が、寒行托針の浄財を積み立てて建立したものである。

（以上は紺野庫治『二本松少年隊』による）

③ 藩解体から廃藩置県へ

いったん潰された二本松藩は、五万石で復活を認められた。
しかし藩士たちの窮迫は深刻で、ついに贋金造りにまで手をそめる。
廃藩置県により、二百二十五年続いた二本松藩は完全に消滅した。

復活二本松藩の変転と県の改置

明治二年（一八六九）二月十五日、復活二本松藩の藩主丹羽長裕は国元に帰り、大隣寺を宿所と定め藩政執行にとりかかる。新政府は前年十月「藩治《はんち》職制」を制定し、府・藩・県の三治職制により地方制度の全国画一化を図った。新二本松藩の職制もこれにより改められ、藩重役として「執政《しっせい》」「参政《さんせい》」がおかれた。執政には丹羽主膳《しゅぜん》（旧家老見習）と樽井弥五左衛門（番頭）、参政には羽瀬兵衛（御用人）・古井新兵衛（同前）・岩井田内記（大目付）・飯田唱（御膳番）・平山磯右衛門（軍事調役）・成田又八郎（郡代）が選ばれ、各執政・参政に次のような職務を兼務させた。会計総裁は丹羽執政、軍務総裁は樽井執政が兼ね、会計副総裁・軍務副総裁・藩主補佐・大監察・社寺方・文事副総裁・軍事副総裁を、各参政に兼務させた。さらに行政の骨格を、それぞれ旧職制に準じて次のように定めた。城衛司（旧大城代）、隊長六人（番頭）、会計宰事二人（勝手方《かってがた》勘定奉行）、会計権知事《ごんのちじ》四人（定用勘定奉行）、市政知事二人（町奉行）、郡政知事二人（郡奉行）、県令四人（代官）などである。

一方明治二年一月、薩長土肥の四藩主が版籍《はんせき》奉還の建白を提出、三月までに大部分の藩がこれにならい、政府は六月から各藩主を知藩事《ちはんじ》に任命し、諸藩の藩政改革を指令した。これにより藩の独自性は次第になくなった。二本松藩主丹羽長裕が、版籍奉還を許可され、二本松知藩事（家禄千二百八十六石）に任命されたのは六月十七日である。九月「藩治職制」が改正され、二本松藩も十月再び藩制を改革し、藩治の組織を、民政・会計・軍務・文武の四つに分け、政事庁が行政全般を統轄するとした。政事庁は、知事（旧藩主）・大参事（正六位相当）・権大参事（従六位相当）・少参事・権少参事と弁事・書記で構成された。かくて二本松藩の実権は、政事庁の大参事丹羽主膳、権大参事平山外衛（磯右衛門）、少参事広瀬七郎右衛門・崎田伝右衛門、権少参事梅原新吾・千賀正夫の六人が掌握したが、これらの役職に対する給与は決して潤沢なものではなかった。大参事が三石三斗五升、権大参事が三石一斗五升、少参事と権少参事が二石四斗五升、軍務方の総裁が一石一斗などであった。

明治二年は大凶作で、戊辰戦争の痛手とあいまって、領民の窮迫は深刻であり、藩は年貢諸税を減免せざるをえなかった。本宮宿などの例でみると、藩民政方本宮出張所としてこの年徴収した年貢の税率は、例年の三分の一だったという。当然藩財政は枯渇し、各役人への職務給与は最低水準にとどまらざるをえず、また明治二年十二月、政府の家禄《かろく》制度を定める布告があったが、二本松藩の家禄は政府規定の禄制を大幅に下まわらざるをえなかった。

明治三年九月、政府は全国統一の「藩制」を公布し、二本松藩としては最後の藩庁職員★（任官以上）が任命された。

二本松藩管轄以外の積達地方では、明治二年八月、各県が改置され管轄が変わった。中村藩民政取締の桑折県は廃止され、十月九日閉庁、十一月九日管轄下の郷村は福島県（第二次）に引き継がれた。笠間藩民政取締の須賀川県（磐城平県須賀川出張所が改組）は十月五日閉庁、守山藩民政取締白河県（第一次）は十月三日閉庁、それぞれ第三次の白河県（第二次は不成立）に引き渡された。こうした県の改置により安達郡の村々は福島県に、安積郡の村々の大部分は白河県に所属した。

▼最後の藩庁職員（「公文禄」）
知事丹羽長裕、大参事平山外衛、権大参事脇屋舎（岩井田内記）・崎田伝、少参事広瀬巻蔵・和田一・丹羽寛。そのほか大属四名、権大属六名、少属五名、権少属八名、史生四名、庁掌五名。

贋金事件と武士の商法

二本松藩は復活したが、戊辰の敗戦と兵火による火災の被害が大きく、藩財政の窮迫は筆舌に尽くしがたい深刻さであった。家中への俸禄《ほうろく》は前のように支給されるはずもなく、明治元年（一八六八）の暮れには、家族数に応じて日割り計算の飯米《はんまい》支給で急場をしのぐ有様であった。そのため衣食に窮した下級藩士の中には、強請《ゆすり》やたかりをする者も出る始末で、特に二本松藩から離れ、県管轄となった安積郡ではその被害が多かったという。

こうした惨状をみかねて、参政の一人羽瀬兵衛が中心となり、会計方の山田兵太夫・大島成渡・大関市右衛門と、城下の豪商若恵屋忠蔵・帯屋《おびや》五兵衛・麴屋《こうじや》善助の六人が協力し、藩の黙許を得て明治二年三月から貨幣の贋造を始めたのである。贋金造りは当時全国的に行われ、戊辰戦争中には薩摩・長州などでも盛んに造られたといわれる。羽瀬らは二分金約一〇二〇両、一朱銀一五〇〇両を製造し、領内用にあてたが、同年八月頃発覚し、前記七人の責任者が捕らえられた。明治政府は、各地の贋造貨幣が政府発行の紙幣より現物ゆえに信用されて流通したので、これを厳重に取り締まり、「一罰百戒」の措置として二本松藩と九州福岡藩の贋造に厳罰を加えたものという。藩は政府に対し八方手を尽くして宥免されるべく運動したが、結局、参政羽瀬兵衛のみが明治四年八月、全責任を負って刑死した（崎田家文書「復華日記」ほか）。

復活二本松藩は財政の窮迫打開のため、明治二年六月、急遽城下六町に才覚金一万両を申し付け、ようやく八二八二両を集金したが焼け石に水であった。また、尾州・紀州・薩摩・大垣など親戚諸藩に対し借入金を申しこんだが、諸藩も自らの戦債の償却もできない状態であり成功しなかった。こうした窮状打開のため、明治三年五月頃、貿易商社を開設して生糸・蚕種などの輸出で利益をあげようと企画し、蒸気船を購入し外国に販路を伸ばそうとした。この船舶の購入を土佐藩岩崎弥太郎に依頼し、商社運営を菱屋宇兵衛（御用商人）に任せることとし、岩崎との交渉を宮里勝三なる人物に委任した。しかし、東北の田舎藩の商談が上手くいくはずはなく、役に立たないボロ船をつかまされ、その代金（一万五〇〇〇両から二万両ともいう）だけは藩の借財として残り、商社設立、財政再建の夢は消え去ったのである。もっとも、このときの借財は、藩債として他日廃藩置県の折、政府に引き継がれることになる。とすれば、東北の田舎武士の失敗した商法が、三菱財閥の形成に結果的には一役買ったといってもよかろうか。

廃藩置県と積達地方

明治新政府の内部では、統一国家を早急に樹立しようとする新たな官僚勢力が次第に優位に立つに至った。明治四年（一八七一）六月、内閣の更迭によって公《く》卿《ぎょう》・諸侯を排除し、西郷・木戸・板垣・大隈らの旧雄藩藩士が参議として内閣を形成し、その下に薩・長・土三藩の兵一万人を集結し、廃藩置県を断行したのである。それは同年七月十四日の一片の指令で行われたが、藩債（各藩の累積した借金）の政府引き受けと、各藩に対する政府債権の放棄および家禄の一応の保証をすることにより、諸藩からの反抗はほとんどなく遂行された。

廃藩置県により現在の福島県域には、福島・白河・若松・二本松・棚倉・中村・三春・平・湯長谷・泉の一〇県（本県）と、高田・刈谷・館・黒石・三池・石岡・松川・笠間・小見川・多古の一〇分県が成立した。復活二本松藩は二本松県となった。全国では三府三〇二県が成立したが、その後府県の統廃合が急速に進められ、同年十月から十一月までの間に三府七二県となった。現福島県域におかれた一〇県、一〇分県は、若松・二本松・平の三県に統合された。このうち二本松県は前の福島・二本松・白河三県を統合して成立したもので、伊達・信夫・安達・安積・岩瀬・白河の六郡を管轄することになったが、まもなく二本松は県庁としては手狭であるとして、十一月十四日県庁を福島に移し福島県（第三次）と改称された。また平県は磐前《いわさき》県と改称され、結局、福島・若松・磐前の三県となった。安積郡の中で湖南地方のみは若松県に所属した。

福島・若松・磐前の三県が統合されて、ほぼ現在の福島県が成立するのは、明治九年八月であるが、そこに至るまでに郷村支配の制度はさまざまに変遷する。明治五年から福島県（第三次）は大区・小区制を採用した。大区・小区制は、制度上ではそれまでの町村制を否認するものであったが、実際の運営上は町村に依存するという二面性を有していた。安達郡は福島県第三大区となり、その下に旧藩時代の組を基本に八つの小区をおき、各小区に戸長《こちょう》一人、各町村に副戸長一人を任命して行政事務を取り扱わせた。安積郡は第四大区となり、旧藩時代の片平組を第一小区、郡山組を第二小区、大槻組を第三小区とした。明治七年一月、福島県は大区・小区を改めて区会所制を採用し、県下六郡を一五区に分けた。安達郡は第七区（針道区会所）・第八区（二本松区会所）・第九区（本宮区会所）に分けられ、安積郡は第一〇区となり、区会所は開成山《かいせいざん》（新築された開成館）におかれた。

明治八年十二月にはまたも区画改正が行われ、一〇区会所制とした。安達郡は第四区（川俣《かわまた》区会所―伊達・安達二郡にまたがる）・第五区（二本松）・第六区（本宮）に区画され、安積郡は第七区（郡山区会所）となった。

地方三新法（郡区町村編成法・府県会規則・地方税規則）の公布（明治十一年）により、維新後はじめて統一的な地方制度が実施されることになった。福島県（三県統一後）も、明治十二年一月に郷村制を復活し、新たに郡長を任命、一～三町村ごとに戸長役場をおき、その戸長は公選とした。郡役所は安達郡では二本松町に、安積郡では桑野村開成山におかれた。初代郡長として、安達郡長に安部井磐根《いわね》が、安積郡長に桑名茂三郎が任命された。

明治七年（一八七四）一月から福島県第八区（二本松）会所が置かれた蓮華寺

エピローグ

明治・大正期の安達郡と安積郡

近世の二本松藩領は、公称安達《あだち》郡七万石、安積《あさか》郡三万石、計十万石の領域であった。両郡合わせた総人口は、天保三年（一八三二）時で六万八二三三人と記録されている。戊辰《ぼしん》戦争の兵火をくぐり、版籍奉還・廃藩置県などの変革を経て、安達郡も安積郡もまがりなりにも近代化の道を歩むことになるが、それぞれの郡の近代化は、共通する面は多いが、かなり違った特徴を示す場面も出てくる。

板垣退助らによる民撰議院設立建白（明治七年）とそれに対応する漸次立憲政体樹立の詔《みことのり》（明治八年）を契機として、各地に自由民権運動が勃興した。三県を合併して成立した統一福島県（明治九年八月）でも各地で多くの民権家が活動を始めるのであるが、この民権運動をめぐっては、まず安達郡と安積郡の対応の違いが注目される。

安達郡では明治八年（一八七五）十月、二本松町に安部井磐根《いわね》を指導者に旧二本松藩士を中心に参政準備のための門人会が結成され、翌九年三月に地方政社明八会《あいはちかい》となった。明八会は明治十一年頃までは石川の石陽社《せきようしゃ》をはじめ、各地の政社と交流していたが、政社の全国統一組織である愛国社が、国会開設請願運動に積極的に取り組むようになると、次第に民権運動から離れ、安部井磐根が初代安達郡長に就任して間もなく（明治十三年二月）、明八会は会議を開き、愛国社から発展した国会期成同盟や河野広中《こうのひろなか》らの東北有志会への参加を、反対八、賛成七で拒否してしまう。

しかし敗れた少数派は、平島松尾（県官）・沢田清之助（教員）らを中心に結束し、二本松士族山田信海、西勝田村（現二本松市岩代町）の仁科寅之助や、小浜（同前）に学塾自進館《じしんかん》を創設した武藤久松・松本松次郎、太田村（現二本松市東和町）で進動学館《しんどう》をつくった佐藤重治、戸沢村（同前）の石井兼治、新殿村（同岩代町）の安斎新八らも運動に加わり、明治十四年十二月には自由党福島支部に結集することになる。福島自由党は、明治十五年十一月の喜多方《きたかた》事件（福島事件）以後大弾圧を受け、安達郡でもほとんどの活動家が逮捕された。特に平島松尾と沢田清之助は、政府顛覆を企てたとされる無名館《むめいかん》盟約に署名した者として、河野広中ら六人の国事犯の中に加えられ、東京の高等法院で軽禁獄六年の判決を受け収監された。

こうした安達郡に対して、安積郡は民権運動がほとんど起こらなかった地方として特徴づけられる。安積郡の周辺の田村郡・安達郡・耶麻郡・岩瀬郡では民権家たちが活発に動き、福島事件に際してはかなりの逮捕者が出ているが、安積郡の逮捕者は皆無であった。なぜか。安積郡（特に郡山）の有力者たちは、大規模な安積開拓事業を国営で進めるよう政府に働きかけており、反政府的な動きには加われなかったのである。

猪苗代湖の水を、奥羽山脈をくり貫いて東注させ、広大な安積郡の不毛の原野を開発しようという構想は、地元の有識者らが天保年間からもっていたが、具体的な開拓事業は、県令安場《やすば》保和《やすかず》や県官中条政恒《ちゅうじょうまさつね》の呼びかけで、郡山の富商たちが設立した開成社《かいせいしゃ》が、明治六年に着手した大槻原《おおつきはら》開墾から始まる（翌年桑野村成立）。しかし、これは猪苗代湖水を東注させる安積疎水とは無縁である。明治九年、明治天皇の東北御巡幸の先発として来訪した大久保利通《としみち》が桑野村を視察した際、中条らは安積疎水開削による安積開拓推進を陳情した。大久保は士族授産と殖産興業に役立つと判断し、技術者を派遣して調査させ、明治十一年国営事業として施工することを内定した。大久保は間もなく暗殺されるが、事業は次の内務卿伊藤博文《ひろぶみ》に引き継がれ、明治十二年十月、開成山大神宮《かいせいざん》で起工式が行われ、疎水工事が始まった。数々の難工事を乗りこえ、幹線水路五二キロメートル、分水路七八キロメートルが完成したのは明治十五年八月で、同年十月盛大な通水式が挙行された。

県や政府の呼びかけで安積原野に入植したのは、県内では二本松・棚倉・会津の士族たち、県外からは九州の久留米、四国の高知・松山、中国の鳥取・岡山、それに米沢の士族たちで、明治十一年から十八年三月までに合計四七六戸が移住し、刀を鍬に代えて厳しい開墾に取り組んだ。しかし、多くの入植者たちは凶作や水害、資金不足のため、十分な収入がえられないまま、借金に苦しみ、せっかく開墾・造成した田畑を手放し、この地を去るか、もしくは郡山の大地主の小作人となる者が増えていった。ともあれ安積疎水の完成により、安積郡の産米は疎水着工当時の明治十二年の四万四百七十五石から、大正十一年（一九二二）には十二万一千石を超えた。ちなみに安達郡の大正十一年の産米は十一万五千石であった。

明治二十二年二月、大日本帝国憲法発布の恩赦により、獄中にあった河野広中・平島松尾らが釈放され、第一回衆議院議員総選挙へ向けて旧自由民権派の人々が動き始めるが、かつては民権運動に冷淡だった安積郡（郡山）の地主や実業家たちからも、河野・平島らを応援する者が増えていった。また、この頃から安達郡も安積郡も産業経済の発展がみられ、安達郡の現住人口は明治十七年の七万四七二人から、明治四十二年には一〇万人を超え、安積郡は明治二十二年に四万三九二五人だったのが、明治四十二年には八万三八六八人となった。特に郡山町は、安積疎水を利用した豊富な電力と鉄道運輸の発達があいまって、近代工業の発展が著しい。『福島県統計書』は大正九年度から「産業別生産価額」を掲載するが、大正九年の安達郡の総生産額は一二二二万四〇〇〇円（うち農業が七〇八万円、工業が四二六万円）で、安積郡（郡山町を含む）の総生産額一一九五万円（うち農業四六三万円、工業六五八万円）を上まわっていたが、大正十年から逆転し、大正十二年度には安達郡が一三八六万五〇〇〇円（うち農業八二〇万円、工業四六九万円）、安積郡は一六八五万円（うち農業五四七万円、工業一〇四七万五〇〇〇円）となる。なお、安積郡郡山町は大正十三年には人口三万九〇〇〇人を超し、同年九月一日市制を施行した。翌十四年五月一日には、郡山労働組合をはじめ県内各地の労働組合の代表が郡山駅前に集まり、東北地方初のメーデーの集会が挙行され、デモ行進も行われた。

あとがき

近世の二本松藩の歴史についてまとまったものとしては、戦前の『二本松藩史』（昭和元年十二月）や戦後の『福島県史第3巻』所収の「二本松藩」（昭和四十六年）などがあるが、もう少し分かりやすく、読みやすい、コンパクトな概説書がほしいと思っていました。このたび現代書館が刊行中のシリーズ藩物語の中の一冊に「二本松藩」が取り上げられ、小生に執筆が依頼され、四苦八苦しながら何とかまとめることができました。多くの先学たちが残されている研究論文や書物（市町村史も含めて）のおかげであります。各項目ごとに、出典や参考文献を記すことはできませんでしたが、巻末にあげた参考文献に、ほとんどすべての事柄が網羅されていますので、ご了承いただきたいと存じます。

執筆作業をしている中で、特に第三章の「藩体制の動揺と藩政改革」を調べながら感じたことがあります。うち続く災害・凶作と重い税負担のため農村の荒廃がすすみ、藩財政も極度に窮迫し、藩士の俸禄も十分には支給されなくなりましたが、何人かの藩主や執政たちは、農村復興・民力涵養・貧困者救済のため、赤子養育制度をはじめ、さまざまな福祉政策を、枯渇した財源を何とかやりくりして実施しようとしています。少なくともその姿勢だけは、現代日本の危機的状況の中でも、大いに評価されてよいと思われます。

所期の目的にどの程度かなうものになったか、甚だ不安ですが、福島県の地方史研究の広がりに少しでも資すればと祈りながらペンを置きます。末筆ながら今回の出版にあたって、株式会社現代書館社長菊地泰博氏をはじめ、ほかの方々にも大変お世話をかけました。心から感謝申し上げます。

参考文献

福島県『福島県史』2・3・10上・10下・15（昭和四十三年～四十六年）
二本松市『二本松史』1・2・3・4・5・6・9（昭和五十四年～平成十四年）
本宮町（現本宮市）『本宮町史』2・3・5・6・7・9・10・11（平成四年～十三年）
郡山市『郡山市史』2・3・4・8（昭和四十四年～四十七年）
岩代町（現二本松市）『岩代町史』1・2（昭和六十年～平成元年）
東和町（現二本松市）『東和町史』1・2（昭和五十六年～五十八年）
白沢村（現本宮市）『白沢村史』史料編・通史編（平成三年～五年）
大玉村『大玉村史』上巻・史料編（昭和五十一年～五十三年）
二本松藩史刊行会編『二本松藩史』（昭和元年刊・平成四年復刻）
福島県農業史編纂委員会編『福島県農業史』通史1（昭和六十二年）
大鐘義鳴編『相生集』上・下（天保十二年、平成十七年二本松市翻刻）
本宮町史編纂委員会編『図説・本宮の歴史』（平成十五年）
同『本宮町史資料双書』第一集・二集（平成九年～十年）
郡山市『郡山の歴史』（昭和五十九年改訂）
大玉村教育委員会編『大玉村水利事業史』（平成十一年）
福島県教育委員会『歴史の道』1（昭和五十八年）
続群書類従完成会『新訂寛政重修諸家譜』第十一（昭和四十年）
本宮町立歴史民俗資料館『紀要』第一号（昭和六十一年）
糖澤章雄『南奥州の幕藩支配と領民――二本松藩・白河藩を中心に』（平成十三年）
山崎清敏『本宮地域史の研究』（平成十一年）
紺野康治『二本松少年隊』（昭和五十一年・FCT）
菅野　与『奥州二本松藩年表』（平成十七年）
草野喜久『史料で見る女たちの近世』（平成十七年）
郷土出版社『図説・二本松・安達の歴史』（平成十三年）
同『図説・郡山・田村の歴史』（平成十二年）

協力者

二本松市教育委員会（旧岩代町・東和町・安達町を含む）
二本松市歴史資料館、二本松市大隣寺、同顕法寺
本宮市教育委員会、本宮市立本宮歴史民俗資料館、本宮市本宮山崎清敏・同小沼貞雄・同若林伸亮・同岩根伊藤昭三・同高木高田宗彦
本宮市白沢ふれあい文化ホール
大玉村教育委員会、大玉村あだたらふるさとホール
郡山市教育委員会、郡山市歴史資料館、郡山地方史研究会、郡山市渡辺康芳・大河峯夫・柳田和久
福島県歴史資料館、福島県立図書館
盛岡市中央公民館
国立公文書館内閣文庫
東京都立中央図書館
埼玉県北本市国分欣一
神奈川県藤沢市岡部雅子

糠澤　章雄（ぬかざわ・あやお）

一九三五年生まれ。福島県安達郡本宮町（現本宮市）出身。

一九五七年、福島大学学芸学部卒業。県立高校教諭を務め、一九九〇年退職。

この間、福島県史編纂室に二年間出向し、その後、福島県内各地の市町村史編纂に携わる。

一九九〇年四月より本宮町史編纂室に勤務、二〇〇三年十月『本宮町史』十二巻・別冊一巻を完成し退職。

【著書】『民主主義のいしずえ―福島県民衆運動史』（一九八〇年）、『南奥州の幕藩支配と領民―二本松・白河藩を中心に』（二〇〇一年、歴史春秋社）

シリーズ藩物語　二本松藩

二〇一〇年四月十五日　第一版第一刷発行

著者――――糠澤章雄
発行所―――株式会社　現代書館
東京都千代田区飯田橋三―二―五　郵便番号　102―0072　http://www.gendaishokan.co.jp/
電話　03―3221―1321　FAX　03―3262―5906　振替　00120―3―83725
発行者―――菊地泰博
組版――――デザイン・編集室　エディット
装丁――――中山銀士＋杉山健慈
印刷――――平河工業社（本文）東光印刷所（カバー、表紙、見返し、帯）
製本――――越後堂製本
編集協力――黒澤　務
校正協力――岩田純子

©2010 NUKAZAWA Ayao　Printed in Japan　ISBN978-4-7684-7120-3
◉定価はカバーに表示してあります。乱丁・落丁本はお取り替えいたします。
◉本書の一部あるいは全部を無断で利用（コピー等）することは、著作権法上の例外を除き禁じられています。
但し、視覚障害その他の理由で活字のままでこの本を利用出来ない人のために、営利を目的とする場合を除き、「録音図書」「点字図書」「拡大写本」の製作を認めます。その際は事前に当社までご連絡下さい。

江戸末期の各藩

松前、八戸、七戸、黒石、**弘前**、**盛岡**、**一関**、秋田、亀田、本荘、秋田新田、仙台、松山、**新庄**、**庄内**、天童、長瀞、**山形**、上山、**米沢**、米沢新田、相馬、福島、**二本松**、三春、**会津**、守山、棚倉、平、湯長谷、泉、**村上**、黒川、三日市、**新発田**、村松、三根山、与板、**長岡**、椎谷、**高田**、糸魚川、松岡、笠間、宍戸、水戸、下館、結城、古河、下妻、府中、土浦、麻生、谷田部、牛久、大田原、黒羽、烏山、高徳、喜連川、宇都宮、壬生、吹上、**足利**、佐野、関宿、高岡、佐倉、小見川、多古、一宮、生実、鶴牧、久留里、大多喜、請西、飯野、佐貫、勝山、館山、岩槻、忍、岡部、川越、沼田、前橋、伊勢崎、館林、高崎、吉井、小幡、安中、七日市、飯山、須坂、松代、上田、**小諸**、岩村田、田野口、**松本**、諏訪、**高遠**、飯田、金沢、荻野山中、小田原、沼津、小島、田中、掛川、相良、横須賀、浜松、富山、加賀、大聖寺、郡上、高富、苗木、岩村、加納、大垣、高須、今尾、犬山、挙母、岡崎、西大平、西尾、吉田、田原、大垣新田、尾張、刈谷、西端、長島、**桑名**、神戸、菰野、亀山、津、久居、鳥羽、宮川、彦根、大溝、山上、西大路、三上、膳所、水口、丸岡、勝山、大野、福井、鯖江、敦賀、小浜、淀、新宮、田辺、紀州、峯山、宮津、田辺、綾部、山家、園部、亀山、福知山、柳生、柳本、芝村、郡山、小泉、櫛羅、高取、高槻、麻田、丹南、狭山、岸和田、伯太、豊岡、出石、柏原、篠山、尼崎、三田、三草、明石、小野、姫路、林田、安志、龍野、山崎、三日月、赤穂、鳥取、若桜、鹿野、津山、勝山、新見、岡山、庭瀬、足守、岡田、岡山新田、浅尾、松山、鴨方、福山、広島、広島新田、高松、丸亀、多度津、西条、小松、今治、松山、新谷、大洲、吉田、宇和島、徳島、土佐、土佐新田、松江、広瀬、母里、浜田、津和野、岩国、徳山、長州、長府、清末、小倉、小倉新田、福岡、秋月、**久留米**、柳河、三池、蓮池、唐津、佐賀、小城、鹿島、大村、島原、平戸、平戸新田、中津、杵築、日出、府内、臼杵、**佐伯**、森、岡、熊本、熊本新田、宇土、人吉、延岡、高鍋、佐土原、飫肥、薩摩、対馬、五島（各藩名は版籍奉還時を基準とし、藩主家名ではなく、地名で統一した）

★太字は既刊

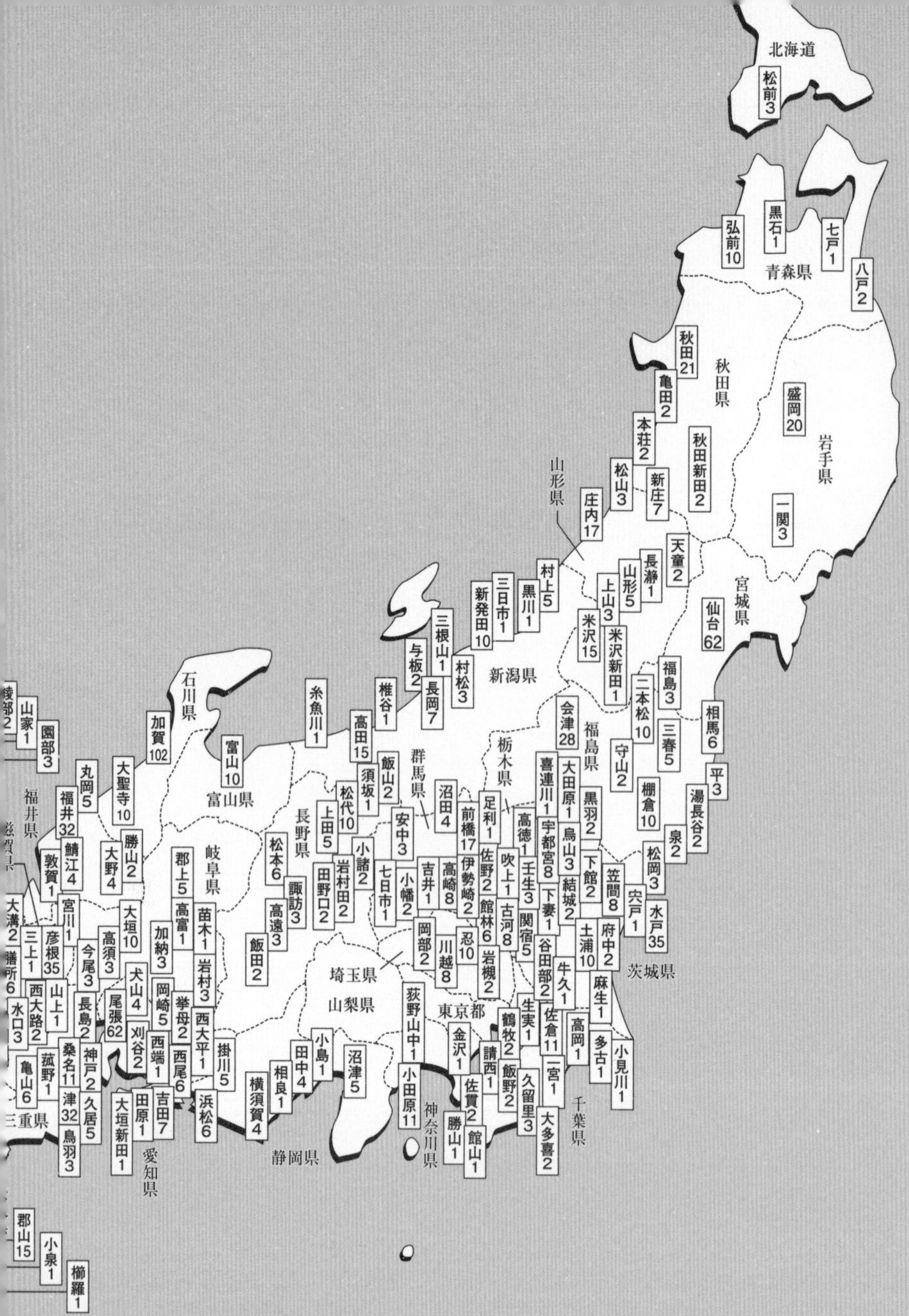

江戸末期の各藩
（数字は万石。万石以下は四捨五入）